Todos los libros de Linkgua Ediciones cuentan con modelos de Inteligencia Artificial entrenados por hispanistas. Pregúntale al chat de tu libro lo que desees acerca de la obra o su autor/a.

Para ebooks: Accede a nuestro modelo de IA a través de este enlace.

Para libros impresos: Escanea el código QR de la portada con tu dispositivo móvil.

Obtén análisis detallados de nuestros libros, resúmenes, respuestas a tus preguntas y accede a nuestras ediciones críticas generativas para una experiencia de lectura más enriquecedora.
La transparencia y el respeto hacia la autoría de las fuentes utilizadas son distintivos básicos de nuestro proyecto. Por ello, las respuestas ofrecen, mediante un sistema de citas, las fuentes con las que han sido elaboradas.

Tirso de Molina

Amazonas en las Indias

Barcelona 2024
Linkgua-ediciones.com

Créditos

Título original: Amazonas en la Indias.

e-mail: info@linkgua.com

Diseño de cubierta: Michel Mallard.

ISBN CM: 978-84-9007-049-9.
ISBN tapa dura: 978-84-1126-157-9.
ISBN ebook: 978-84-9897-108-8.

Sumario

Créditos 4

Brevísima presentación 7

La vida 7

Teatro épico 7

Personajes 8

Jornada primera 9

Jornada segunda 41

Jornada tercera 79

Libros a la carta 123

Brevísima presentación

La vida

Tirso de Molina (Madrid, 1583-Almazán, Soria, 1648). España.

Se dice que era hijo bastardo del duque de Osuna, pero otros lo niegan. Se sabe poco de su vida hasta su ingreso como novicio en la Orden mercedaria, en 1600, y su profesión al año siguiente en Guadalajara. Parece que había escrito comedias y por entonces viajó por Galicia y Portugal. En 1614 sufrió su primer destierro de la corte por sus sátiras contra la nobleza. Dos años más tarde fue enviado a la Hispaniola (actual República Dominicana) y regresó en 1618. Su vocación artística y su actitud contraria a los cenáculos culteranos no facilitó sus relaciones con las autoridades. En 1625, el Concejo de Castilla lo amonestó por escribir comedias y le prohibió volver a hacerlo bajo amenaza de excomunión. Desde entonces solo escribió tres nuevas piezas y consagró el resto de su vida a las tareas de la orden.

Teatro épico

Amazonas en las Indias está inspirada en la conquista y evangelización de los indígenas de América. Pertenece a una trilogía dedicada a la familia Pizarro. Todo es dar una cosa (sobre Francisco), Amazonas en las Indias (sobre Gonzalo) y La lealtad contra la envidia (sobre Hernando).

Tirso de Molina vivió algún tiempo en la Hispaniola (actual República Dominicana) y regresó a España en 1618. Su estancia en América inspiró esta serie de obras sobre los conquistadores.

Personajes

Alonso de Alvarado
Cuatro Soldados
Don Diego de Almagro
Don García de Alvarado
Doña Francisca Pizarro
El capitán Almendras
Francisco de Caravajal
Gonzalo Pizarro
Hinojosa
Juan Valsa, soldado
Martesia
Menalipe
Trigueros, gracioso
Vaca de Castro

Jornada primera

(Tocan a guerra y salen peleando Menalipe, Martesia y otras Amazonas; la primera con hacha de armas, la otra con un bastón y todas con arcos y aljabas de flechas a las espaldas, y contra ellas españoles bizarros, entre los cuales salen Francisco Caravajal y Gonzalo Pizarro; llena éste la rodela de flechas, y retirando a Menalipe, sin sacar la espada, van peleando entrando y saliendo, hasta que quedan solos don Gonzalo y Menalipe.)

Menalipe

Matadme estas arpías
que con presencia humana,
el privilegio a nuestra patria quiebran,
no pierdan nuestros días
la integridad antigua, aunque inhumana,
que ilustran tantos siglos y celebran.
No estas arenas pisen
plantas lascivas de hombres,
que oscureciendo nuestros castos nombres,
cobardes por el mundo nos avisen
que no sabemos abatir coronas.
¡A ellos, invencibles amazonas!

Martesia

¿Qué importa el animarnos?
¿El dar voces, qué importa,
si en ellos ni el hacha de armas corta,
ni las flechas victoria pueden darnos?
Pues con poblar esas regiones sumas
—temblando el Sol de verlas—
el ánimo perdernos con perderlas
y adornando sus galas,

en vez de darles muerte les dan alas.

Gonzalo ¡Oh, región belicosa!
¡Oh, Sol, que en el ocaso donde mueres,
por guarda de tu pira luminosa
influyes tal valor en las mujeres!
¿Qué prodigio, qué encanto
en pechos femeniles puede tanto?
Las fábulas que en Grecia
Alejandro —por ser de Homero— precia,
a Palas eternizan,
a Tomiris pirámides levantan
y a la madre de Nino solemnizan,
mienten —por más que sus historias
cantan—
si con éstas se atreven
a competir —por más valor que prueben—.
¡Que en los límites últimos del orbe,
armada la hermosura
nuestro valor estorbe,
y en trance de tan bélica fortuna
nos ponga una república, que, sola
sin admitir varones,
forma del sexo frágil escuadrones
y se atreve a sacar sangre española!
Aquí naturaleza
el orden ha alterado,
que por el orbe todo ha conservado,
pues las hazañas junta a la belleza.
¡Vive, pues, mi valor el cielo vive,
que, aunque a sus manos muera,
no he de sacar la espada que apercibe
a la infamia, ocasión si sale fuera

y en sangre femenil su temple esmalta;
supla el esfuerzo, si el acero falta!

Menalipe

Hombre, ¿por qué no miras
mortales amenazas de mis iras?
¿Por qué si te defiendes,
la espada ociosa, mi valor ofendes?
A furia me provoco,
o me tienes en poco
o ya desesperado
a mis manos morir quieres honrado.

Gonzalo

Armigera Belona,
los que nacieron como yo al respeto
que la fama corona
obligados, y estiman el concepto
en que el valor los pone,
adoran las bellezas;
y por más que ocasione
el peligro su enojo, las noblezas
en defender las damas se ejercitan
y en fe de esto su amparo solicitan.
Amarlas y servirlas
es solo mi blasón, pero no herirlas.

Menalipe

¿Agora cortesías?
¡Qué mal conoces presunciones mías,
si juzgas por favor estos rigores!
Aguarda y llenaréte de favores.

(Dale un golpe.)

Gonzalo

Bizarro aliento, airosa valentía,

feliz región que prodigiosa cría
en tan remota parte
a Venus tierna, transformada en Marte.
La industria, esta vez sola,
sin armas ofensivas
acredite mi sangre, que, española,
refrenando las manos vengativas
sabe, sin ofender tales bellezas,
vencer peligros y lograr destrezas.

(Vanse, retirando don Gonzalo de Menalipe, sin sacar la espada. Salen Caravajal y Martesia, peleando.)

Martesia

No tengo de matarte aunque pudiera;
que si lo apeteciera,
aunque su esfuerzo en ti depositara
cuanto vigor, aliento, bizarría,
tu heroica sangre cría;
aunque Alcides en ti resucitara
su espíritu gigante,
aquél en cuyos hombros
eternizando asombros
pedestal de los cielos con Atlante
fió su alivio en ellos,
hay más valor en mí, que en todos ellos.

Caravajal

¿En qué anales, archivos o memorias
has aprendido historias,
si en tan remoto clima
—¡oh, bárbara arrogante, toda enigma!—
no hay quien saber presuma
los útiles desvelos de la pluma?
¿Cómo hablas el idioma

que España, por sus ruinas, ferió a Roma?
¿Quién te enseñó el estilo
de la elocuente lengua castellana?
Que, puesto que hasta el Nilo
haya llegado y a la zona indiana
preceptos elegantes,
aquí, no, que hasta ahora
el mundo todo este jirón ignora.

Martesia

Dudas discreto; pero no te espantes
que tal divinidad mi pecho encierra
que oráculo soy, pasmo de esta tierra.
Los hombres y los brutos
veneran mis preceptos absolutos;
los tigres, los leones,
sierpes y basiliscos,
habitadores de esos arduos riscos,
vendrán —si los convoco— en escuadrones;
las islas animadas
promontorios de escamas y de espinas,
—ballenas digo— de mi voz forzadas
cubrirán esas olas cristalinas,
y desde ellas poblada estas arenas
alistaré caimanes y ballenas.
No están de mis conjuros,
los astros, los planetas, tan seguros,
que, si los doy un grito,
no truequen por mis plantas su distrito.
Escalas pongo al cielo;
sobre los vientos vuelo
y a imitación del Sol —que al Indio ad-
mira—
mi agilidad —como él— los orbes gira.

¿Espantaráte ahora,
si esto te certifica la experiencia,
que quien registra cuanto su luz dora
tenga noticia de cualquiera ciencia,
y hablando en todas lenguas, tus vocablos
pronuncie?

Caravajal

Calepino sois de diablos;
mejor labráis en hablas que en la aguja.
Mas ¿cómo no sois vieja siendo bruja?

Martesia

Francisco, tu valor...

Caravajal

¿También mi nombre?

Martesia

Caravajal, tu patria te intitula
tu valor, pues me hechiza, no te asombre
si vieres que mi amor por él te adula.
Sé las hazañas grandes
que en Navarra, Milán, Sajonia y Flandes
sirviendo al quinto Carlos te eternizan;
cuando lo hechizo todo éstas me hechizan.
Las paces sé de Europa,
y por ser tu profesión la guerra
el Mar del Norte favorable en popa,
nuevos orbes te ofrece, nueva tierra,
y los tales del Sur atropellando,
fama, más que metales, vas buscando.
Quédate aquí, serás mi esposo y dueño;
haré por causa tuya,
que la ley rigorosa se destruya
de esta región, y su infecundo empeño.
Gozarán, por mi amor, las amazonas

el tálamo, hasta ahora aborrecido;
sepultará crueldades el olvido.
El cuello rendirán las amazonas
al apacible imperio,
de amor que hasta aquí fue su vituperio.
Todo esto cesará, si satisfaces
los castos deseos míos;
eterna paz tendrás, si estimas paces;
si guerra anhelan tus bizarros bríos
canoas y piraguas
te cubrirán las fugitivas aguas
de ese jayán monarca de los ríos;
conquistaránte en ellas
provincias comarcanas,
ejércitos armados, de doncellas,
tan exentas de amor cuanto inhumanas.
La reina y yo, español, somos hermanas.
Ella el título goza solamente,
yo, el uso y el gobierno.
Francisco, la ocasión logra, presente.

Caravajal

Señora comisaria del infierno,
no acepto matrimonios
en que entran a la parte los demonios.
Vuesa merced predique
esa secta en Marruecos, o en Mastrique
y defiéndase ahora,
trayendo contra mí diablos de esgrima,
veremos si con ellos me enamora.

Martesia

Pues guárdate de dar la vuelta a Lima;
que por cruel y a mis suspiros falso

perderás la cabeza en un cadalso.

Caravajal — Desdorara su fama si no fuera
su oficio bruja, fondo en agorera.
Haga, para escaparse, algún conjuro;
que, ni presagios creo,
ni me asombran peligros que no veo,
ni los diablos alcanzan lo futuro.

Martesia — ¡Oh, loco presumido!
¿Luego imaginas de la oferta mía
que en lugar de afición es cobardía?
Aguarda, pues, grosero, inadvertido.

Caravajal — Bruja tahúr, con brindis de marido
(Pelean.) probad de estos requiebros si soy tierno
que yo os daré despachos al infierno.

(Vanse Caravajal y Martesia. Salen don Gonzalo, defendiéndose con una mano herida, y Menalipe peleando con él.)

Menalipe — Acaba ya de rendirte
pues rehúsas ofenderme.

Gonzalo — Ardides han de valerme
cansado de resistirte.

(La rodela al pecho cierra con Menalipe y quítala las armas.)

Menalipe — ¿Qué haces hombre?

Gonzalo — Desarmarte
de superfluos instrumentos.
¿De qué sirven los violentos
si puedes aprovecharte

de esos ojos soberanos,
que, apacibles homicidas,
abrasando, quitan vidas,
victoriosos, quitan manos?
Hacha de armas ¿para qué,
si en vez de hachas, miro en ellos
dos soles de incendios bellos
en que, Fénix, me abrasé?
Para que triunfes de España
las flechas y el arco deja.
¿No es arco en ti cada ceja?
¿No es arpón cada pestaña?
Ése de azabache bello
monte, que mi asombro alaba,
¿de rayos no es una aljaba?
¿No es flecha cada cabello?
¿Pues qué más armas pretendes,
si en fuego y nieve deshecho,
lo que hielas con el pecho
con las mejillas enciendes?
Enfrena severidades,
pues que con armas prohibidas,
cuando das al deseo vidas
das muerte a las libertades.

Menalipe

Si supieras cuan de acero
tengo el alma, que hasta ahora
mentiras de amor ignora,
no engañaras lisonjero.
Palabras desaprovechas,
saca la macana oculta
y con ella me consulta
tu amor, que si anda con flechas

el que vuestra España os pinta,
para engañar simples damas
sin que temamos sus llamas,
nuestra profesión distinta
por Dios adora al desdén.
Pues si en contrarios extremos
a los hombres nos comemos,
¿cómo los querremos bien?
Carne humana es el manjar
que alimenta nuestra vida.
Pero —¿de sangre teñida
la mano?— me haces dudar
que estás herido.

Gonzalo
El amor
que en las venas predomina
por ésta el alma encamina
para admirar tu valor.
Y en fe de ser más que humano
rindiéndote estos despojos,
no contenta con los ojos,
te sale a ver por la mano.

Menalipe
Ponte en ella este listón
con que restañarla puedas,
que, a falta de vuestras sedas
las teje acá el algodón.

(Dásele.)

Gonzalo
Mucho de mi tierra sabes.

Menalipe
Menos quisiera saber

de ti, para no temer
la perdida de las llaves
de un pecho, hasta aquí diamante.
¡Ay, Gonzalo! Meses ha
que en él retratada está
tu imagen, tan semejante
en las llamas que encendí,
que no añadió novedad
tu vista en mi voluntad
cuando amor te trujo aquí.
Quise refrenar ardores
de mis ciegos desatinos,
tan nuevos y peregrinos
como lo son los temores;
por eso salí a ofenderte,
si bien, cuando peleaba
cada golpe que te daba
era para mí de muerte.
Defendístete sin armas;
mas ¿para qué las querías
si hechiceras cortesías
tienes, con que me desarmas?
Muda el nombre a mi rigor;
llámale amantes extremos,
pues que los dos padecemos
tú la herida y yo el dolor;
y escucha, porque te asombre
la noticia que tu fama
por estos orbes derrama.
Sabrás como sé tu nombre,
tu patria, tu nacimiento,
tus aventuras extrañas,
el triunfo de tus hazañas,

y valor; estáme atento.
Mas ha de trescientos siglos
que de las Scitias remotas,
la asiática y la europea,
salieron de la Europa
a apoderarse de la Asia
las naciones belicosas
de cuyos troncos y líneas
si no ramas somos hojas.
Despoblaron por la guerra
los varones, las montuosas
provincias que baña el Tanais
y el Termodonte corona.
Sin hombres, pues, nuestra patria,
quedaron en su custodia
las mujeres, bien seguras
de que ajenas plantas pongan
en sus límites sus sellos,
porque a la fama le consta
que solo distinguió el sexo
sus hombres de sus matronas.
Aquéllos, pues, divididos
por el Asia en varias copias,
sujetaron desde Armenia
hasta la India y sus aromas
cuantas naciones osaron
resistirse a las heroicas
violencias de su milicia,
tiranizando coronas
y despoblando ciudades,
siendo contra sus victorias
lo que a las llamas la cera,
las Menfis y Babilonias.

Señores ya del oriente
pacíficos en su zona,
y felices sus conquistas,
quisieron que sus esposas
presentes participasen
delicias que no se gozan
mientras, distintas las almas,
la unidad no las conforma.
Enviaron a traerlas
un ejército —en la flota
al archipiélago hurtaron
que llena de presas y joyas,
y el mar con ellos humilde,
que tal vez hacen lisonjas
a la dicha y la fortuna
como a los hombres las olas—
tomaron tierra en su patria,
poblándose nuestras costas
de arrogancias y laureles
al son de cajas y trompas.
Pero, como acostumbradas
las mujeres, por sí solas
al imperio de su gusto,
exentas de las argollas
que anudó naturaleza
al cuello frágil que doman
opresiones varoniles
—pues si alegran, aprisionan—
por no asegundar coyundas
rebeldes las armas toman,
soberbias al campo salen,
valientes el parche tocan,
horribles los arcos flechan,

resueltas dardos arrojan,
ingratas su sangre asaltan
bárbaras sus dueños postran,
crueles escuadras turban,
diestras desbaratan tropas,
hambrientas cuerpos derriban,
severas miembros destrozan;
y en breve tiempo, verdugos
de su carne y gente propia,
viudas por sus manos mismas,
triunfando a su casa tornan.
Erigen, después, un templo
a la crueldad, y por diosa
libando la sangre humana
con sacrificios la adoran,
estableciendo preceptos,
(que hasta hoy ninguna deroga),
de no admitir en sus tierras
hombre que sus leyes rompa
y su libertad oprima.
Solo en los meses que adorna
de flor Amaltea los campos
y el Sol al Géminis dora,
de la nación más cercana
tantos varones convocan
cuantos basten a suplir
las que la muerte nos roba,
sucediéndolas fecundos
individuos, que antepongan
al gusto la libertad,
siempre en los nobles preciosa.
Los que mujeres no nacen
desde el pecho a las congojas,

desde la cuna a las aras,
desde la luz a las sombras,
siendo su madre el ministro,
filos al acero embota,
y al simulacro dedica
blanca sangre en leche roja.
Pero, la que sale a luz
hembra feliz, alboroza
con regocijos el pueblo,
conduciéndola la pompa
festiva, al templo y sus aras,
donde la queman, o cortan
el pecho izquierdo, que el arco
el noble ejercicio estorba.
Creció a número infinito
la república matrona;
que la templanza en la Venus
más fértiles frutos logra.
Y conquistando provincias
comarcanas, las remotas,
siempre invencibles debelan,
hasta que el solio colocan
de su imperio formidable
en la ciudad, que ambiciosa,
al orbe leyes impuso
y el cielo escalar blasona.
Si antigüedades leíste
—¡oh gran Pizarro!— no ignoras
que ocuparon sus laureles
tantos reinos como historias.
Lampridia y Martesia, reinas
hicieron temblar a Europa,
Orisia y Pantasilea

aseguraron a Troya,
que no llorara cenizas
viviendo ella, si patrona
de Aquiles, que la dio muerte,
no fuera la ciega diosa.
Ésta, que de la hacha de armas
y la rodela, inventora
fue, vinculó en Menalipe
hazañas que a Grecia asombran;
pues abrasando el milagro
que Efeso a Cintia invoca
en oprobio de los griegos
dio llantos al Asia toda.
Monarca del orbe, en fin,
triunfaban las amazonas,
cuando en Atenas Teseo
les oscureció victorias,
venciéndolas su fortuna
—no sus fuerzas, que envidiosas
hasta hoy tiemblan las esferas
que en sus luces los pies pongan—.
Armáronse a la venganza
las que en Scitia belicosas
quedaron, y al elemento
de sal, una armada arrojan
de innumerables preñeces;
pero enojándose el Bóreas
de que le surquen sus quillas,
riscos de cristal abordan
por todas partes los leños
donde oprimidos zozobran,
porque en túmulos de vidrio
celebre el valor sus honras.

Las reliquias derrotadas
sin que aproveche la sonda,
sin que el timón obedezca
ni el arte velas recoja,
siguen incógnitos rumbos,
y sin saber su derrota,
piélagos un mes naufragan,
hasta que al fin los emboca
por ese monstruo de ríos,
ese hidrópico que agota
pecheras inmensidades
que pródigo al mar otorga.
Cincuenta leguas de anchura
le miden entrambas costas,
cuando besa los umbrales
de las océanas ondas.
Venciendo, pues, con la industria
las Argonautas heroicas,
horribles dificultades,
guían las brumadas proas
trescientas leguas arriba,
hasta la ribera hermosa
de esta provincia, que oculta,
les feria el puerto que toman.
Fundan pueblos, labran campos,
república y reino forman
y prosiguiendo sus leyes,
ínclitas progenitoras
fueron nuestras, conquistando
sus descendientes famosas,
cuantas naciones vecinas
sus montes y valles moran.
Ésta es mi antigua ascendencia;

en mis sienes su corona
veneraciones conserva.
Quien a Menalipe nombra,
que es mi fatal apellido,
la rodilla al suelo postra,
y como a casi deidad
pone en la arena su boca.
Martesia, sacerdotisa
y mi hermana, prodigiosa
en las armas y en las ciencias,
la diadema de estas loza,
tan sabia, que si conjura
esas aguas, esas rocas,
esos frutos, esas plantas
los fuerza a que la respondan
y avisen de cuanto pasa,
desde la adusta Etiopía,
hasta la helada Noruega,
que el Sol seis meses ignora.
Ésta, pues, diversas veces,
de la nación española
ponderándome noticias
y refiriéndome historias,
me avisó de tus hazañas,
tu prosapia generosa;
el valor de tus hermanos,
las conquistas que los nombran,
si en guerras de Italia Aquiles,
Alejandros de la zona,
que dándoles otro mundo
su globo por medio corta.
Sé del marqués don Francisco
las hazañas peligrosas,

la constancia en los trabajos
el celo a la ley que adora,
la lealtad para sus reyes
y que a sus plantas les postra
mil leguas, todas de plata
y un océano de aljófar.
Sé que en España la envidia
bárbaramente aprisiona
al ínclito don Fernando
—¡que así se premian victorias!—
después de haber defendido
seis meses de inmensas copias
la imperial ciudad del Cuzco,
a pesar de la ponzoña
de la hidra desleal
cuyas cabezas destronca.
Sé, en fin, que buscando
fama vienes, español, ahora,
en nuestro descubrimiento
y de las plantas preciosas
que la canela tributan,
y por estas tierras toscas,
a las que el Maluco esquilma
imitan en flor y en hojas.
Aquellos doce desvelos
que las fábulas pregonan
de Alcides, son, con los tuyos,
lo que en el Sol es la sombra;
celebraránlos las plumas,
serán al mundo notorias
y a eternas posteridades
darán materias gloriosas,
si en esta región te quedas,

si el paso atrás no revocas,
como a mi amor satisfagas,
como a mi fe correspondas;
pues si al Perú das la vuelta
riesgos mortales convocan
la deslealtad y la envidia
que a tus virtudes se opongan.
Llevóte el falso pariente
el bajel, tesoro y ropa,
¿sin él cómo vencerás,
cuando por los montes rompas
imposibles formidables,
ya en la tierra, ya en las olas,
de ese casi mar inmenso?
Admíteme por tu esposa;
derogaránse mis leyes,
juzgaránse venturosas
a tus pies, estas provincias;
diamantes que al Sol se opongan
te rendirán esos cerros;
perlas, almas de sus conchas,
a montes la plata pura;
el oro a cargas que brotan
esos ríos, esas fuentes;
esmeraldas, pluma, aromas,
y un alma nunca rendida
que dueño te reconozca.

Gonzalo

A la obligación que labras
en mi agradecido pecho,
para quedar satisfecho
no he de pagarte en palabras.

Querrá el cielo que algún día

me desempeñen las obras;
y entretanto que no cobras
serás acreedora mía.
De los quinientos soldados
que leales me siguieron,
más de doscientos murieron
en guerras y en despoblados.
De cuatro mil indios dejo
cadáveres la mitad;
llámame la mucha edad
del marqués, que solo y viejo,
entre envidiosos y extraños,
necesita mi presencia,
porque mal, sin mi asistencia,
podrá reprimir engaños.
De codicias y ambiciones,
mi hermano en España preso,
si sucede algún exceso,
culparan mis dilaciones.
El capitán Orellana
con mi bergantín se alzó
y desnudos nos dejó.
¡Deslealtad torpe y villana!
No llevará bien mi gente,
si tus finezas admito,
el no dar la vuelta a Quito.
Seis meses he estado ausente;
dejaron sus prendas caras
hijos y esposas en ella,
juzga, tú, amazona bella,
cuando de mí te apartaras
y mi amada esposa fueras
para no volverme a ver,

¿qué extremos habías de hacer,
qué pesares padecieras?
   Para casarme contigo
eres de contraria ley;
vengo en nombre de mi rey,
leal sus órdenes sigo.
   Esta bélica región
por dueño suyo te adora;
si te doy la mano ahora
tendrá la envidia ocasión
   de afirmar que me levanto
contra mi rey, con la tierra.
La lealtad que en mí se encierra
es de suerte, obliga a tanto,
   que a tu afición contradice;
porque la honra y su interés
no estriba tanto en lo que es
como en lo que el vulgo dice.
   Yo voy tan enamorado
de ti, y tan reconocido
que jamás podrá el olvido
borrarte de mi cuidado.
   Volveré, mi Menalipe,
a tus ojos brevemente
con armada y con más gente;
tendrán Carlos y Felipe,
   noticia de tu valor.
Licencia les pediré
para que el alma te dé
con la mano; y el Amor,
   uniéndonos en sus lazos,
hará mi dicha inmortal.
Admite ahora, en señal

de mi palabra, estos brazos.
  Adiós, que es fuerza el volverme.

Menalipe Gonzalo mira lo que haces;
goza aquí seguras paces,
que has de perderte y perderme.
  Ya el marqués, tu hermano —¡Ay cielo!—
no te quiero referir
tragedias que has de sentir
más que la muerte. El recelo
  de tus pesares refrena
con el silencio mis labios;
que hace a quien te adora agravios
quien le antecede la pena;
  dígatelos la Fortuna
sin que yo los anticipe.

Gonzalo Bellísima Menalipe,
no siento ahora más de una,
  que es el partirme y dejarte.

Menalipe Pues, si mi vida deseas,
escucha avisos; no creas
los que lleguen a adularte;
  porque hallarás infinitos
que tus dádivas disfrutan
y en el peligro te imputan
sus traiciones a delitos.
  No todo lo que es brillante,
riqueza al avaro ofrece;
oro la alquimia parece,
vidrio hay que imita al diamante.
  La luz que una antorcha feria

al Sol competir procura,
más solo su llama dura
lo que dura su materia.
  Escarmientos te propone
el Sol, a quien salvas hace
el ruiseñor, cuando nace,
y huye de él cuando se pone.
  Tal vez dora la experiencia
un bronce, una piedra, un leño,
que engaña al que no es su dueño;
oro solo en la apariencia.
  Huye amigos afectados,
cuando lisonjas te ofrezcan;
que aunque fieles te parezcan
en vez de oro son dorados;
  y mira que has de volver
a mis ojos brevemente.

Gonzalo

  ¡Discreta, hermosa, valiente,
y todo en una mujer!
  Cuando solo interesara
esos divinos consejos,
de las escuelas espejos,
reinos por ellos dejara.
  Adiós, prodigioso extremo
del orbe.

Menalipe

¡Adiós, mi español!
¡Ah cielos! ¡Ah eterno Sol

desmiente males que temo!

(Vanse Menalipe y don Gonzalo. Salen don Diego de Almagro y don García de Alvarado.)

Diego

Quien el consejo y parecer que sigo
contradijere, o envidioso o loco,
busca mi mal con máscara de amigo,
o el bien que se me ofrece tiene en poco.
La Fortuna me llama, yo la sigo;
derecho al Perú tengo; si provoco
a España y a su rey, España intente
quitarme la corona de la frente.

Vengué a mi padre, con la justa muerte
del ingrato marqués, que no hizo estima
del noble estado, la dichosa suerte
a que por él su nombre se sublima.
Si en el Cuzco imperial su hermano vierte
sangre que me dio el ser, yo vierto en Lima
la que apoyó su bárbaro consejo.
Fénix renazco de otro fénix viejo.

Cuatro Pizarros pudo Extremadura
hacer que en el Perú se atravesasen
al paso del valor y la ventura
de mi padre y al Cuzco le estorbasen.
Consigo se llevó la sepultura
la Pizarra mayor, porque apoyasen
pronósticos del nombre sus sucesos;
losas Pizarras son, sepulten huesos.

Ya estamos libres de ésta. Juan Pizarro,
el menor de los cuatro, en primavera
cedió a la muerte el ánimo bizarro,
que, a ser más cuerdo, dilatar pudiera.

No siempre a las coyundas ata el carro
de Marte la osadía, ni muriera
si al combatir la maquina enriscada
cubriera su cabeza la celada.
  España al homicida, oprime preso,
de mi padre, en la Mota de Medina;
litigará el rigor contra su exceso
si el oro tribunales no arruina;
mientras Gonzalo, con fatal progreso,
las márgenes remotas examina
del Marañón, que al mar gigante vuela
y por sus riscos busca la canela.
  Si de cuatro me mata la Fortuna
los dos hermanos, y los dos me ausenta,
¿quién queda en el Perú, que a la oportuna
ocasión que me llama, pida cuenta?
Destinóme el valor desde la cuna
al solio occidental; si en él me asienta
el cielo por monarca de los Andes,
grandes hazañas piden, riesgos grandes.
  ¡Vive el cielo, que el que...

García — Creo
que soy a quien amenazas;
mal mis consejos abrazas,
peor pagas mi deseo.
  Nunca yo tuve por bien
la torpe conjuración
que contra el mayor varón
que todos los hombres ven
  hiciste, pues si su hermano,
tan experto en la milicia,
le mató, fue por justicia,

no a traición, no por su mano.
Preso en España defiende
su causa contra fiscales
por la envidia criminales;
el César Carlos pretende
satisfacer agraviados,
más no oprimir inocentes;
consejos y presidentes
miran desapasionados
culpas, que atentos castigan;
servicios, que cuerdos premian;
las armas, puesto que apremian,
pocas veces sé que sigan
sin ímpetu la templanza;
pues cobra satisfacción,
la vara con la razón,
la espada con la venganza.
Ya que ésta al marqués mató,
y el más poderoso quedas
con los tesoros que heredas
de cuantos España vio,
templa, don Diego de Almagro,
incendios que solicitas;
mira que te precipitas.

Diego

Tuviera yo por milagro
que no fueras extremeño,
como en la patria, en querer
el crédito defender
de un...

García

Paso, que mi dueño,
gobernador y caudillo

de estos reinos, es marqués.

Diego
Di que lo fue, no que lo es.

García
Pregúntaselo a Trujillo,
y en ella a los nobles todos;
pues los que valor profesan
generalmente confiesan
que desciende de los godos.
Italia, Francia, Navarra,
de su padre el Capitán
don Gonzalo, te dirán
lo que es la sangre Pizarra.
Don Fernando y don Francisco,
primero que estos países
conquistasen, Flor de Lises
postraron; si el basilisco
de la envidia, en su desdoro,
veneno a verter empieza,
advierte, que no nobleza
buscaron aquí, sino oro;
y que la que te dejó
tu padre, el adelantado,
en el Perú la ha medrado.

Diego
¿Luego no en España?

García
No;
que España ignora quién es;
pues a la puerta le echaron
los padres que le engendraron,
de la iglesia, y fue después
hijo de la compasión

de un sacerdote, llamado
Hernando Luque, y criado
de limosna en Malagón.
  Ya yo sé que estas verdades
la vida me han de costar;
pero yo he de conservar,
como noble, las lealtades
  que me han dejado en herencia
mis padres, y he de imitarlos.
No reina aquí sino Carlos;
quien se atreve a su obediencia
  mancha su fidelidad.
García soy de Alvarado
que sabré en el campo, armado,
defender esta verdad.

(Vase don García.)

Diego
  ¡Matadle! ¡Cerrad las puertas!
¡Vive Dios, que he de agotar
estos Pizarros, y dar
a pasiones descubiertas
  castigo que al mundo espante!
Con la hacienda que gastó
mi padre ¿no se ganó
todo el Perú? ¿Qué, ignorante,
  esta verdad no confiesa?
Pues, ¿por qué el emperador
ha de ser usurpador
de lo que solo interesa
  quien su hacienda y sangre gasta?
En vez de mi padre, quedo,
su acción y derecho heredo;

éste me sobra y me basta
para el imperio que busco
y el valor ha de adquirir.
Pues, pensamientos, morir
o coronarme en el Cuzco.

(Tocan de rebato.) Pero ¿qué rebato es éste?

(Sale Juan Valsa desnuda la espada.)

Valsa ¡Ea, valiente mancebo!
Al arma, que se avecina
hoy, o tu muerte o tu imperio.
El presidente y su campo,
que consta de setecientos
y más hombres, entre infantes,
jinetes y arcabuceros,
pasa de Jauja a Guamanga,
y haciendo alto en el ameno
valle, que llaman de Chupas,
viene animoso y resuelto
a presentar la batalla.
Los mejores caballeros
del Perú siguen su campo;
difícil será romperlos.
Garcilaso de la Vega,
Pedro Anzures y otro Pedro
de Vergara, Holguín, Tordoya,
Francisco Castro, Barrientos;
don Alonso de Alvarado,
cuyo valeroso esfuerzo
levantó en las Chachapoyas
banderas, por Carlo excelso.
General Vaca de Castro;

maese de campo diestro,
Francisco Caravajal,
que del Marañón volviendo,
con don Gonzalo Pizarro,
ya que éste por el precepto
del presidente en Trujillo
se queda, viene a su ruego
a gobernar todo el campo,
y tengo de él más recelo
que de todo lo restante.
Pero si destina el cielo
que salgamos vencedores,
ni el número ni el acero
se oponen a la ventura,
no obstante que te aconsejo
si desfalleces ahora
que te presentes con tiempo
a la piedad que te ofrece
Vaca de Castro. No demos
ocasión a que te infame
por traidor la voz del pueblo.

Diego (Saca la espada.)
Juan Valsa; solo el vencido
es el traidor; los excesos
del vencedor canonizan
lealtades. ¡Al arma! ¡A ellos!

Valsa
¡Oh, siempre merecedor
del laurel!

Diego
Ése pretendo,
Juan Valsa. ¡0 César, o nada!

¡O el cuchillo, o el imperio!

(Tocan y vanse todos.)

Fin de la primera jornada

Jornada segunda

(Salen marchando Vaca de Castro con bastón, Francisco Caravajal, don Alonso de Alvarado y Soldados.)

Vaca
Este fin tienen traidores,
para escarmentar leales.

Alonso
Quien con pensamientos reales
y juveniles ardores
rehusó la cerviz al yugo
blasonando libertalla,
si muriera en la batalla
y no a manos del verdugo,
más dichoso hubiera sido.

Vaca
No es segura esa opinión;
pues para la salvación
que don Diego ha conseguido,
según sus demostraciones,
no le diera la milicia
el lugar que la justicia;
por que airados escuadrones,
que el riesgo a los ojos ven
difícil de resistir,
siempre ayudan a morir,
pero nunca a morir bien.
Yo, capitán, no recelo
que de los que sentenciados
padecen, aunque afrentados,
los más asegure el cielo;
mas no a los que en las violencias

marciales muertos quedaron,
porque tarde se hermanaron
venganzas y penitencias.

Caravajal

Yo soy de ese parecer;
porque ¿qué se le dará
al cielo, si en gracia va
quien le supo merecer,
de que haya en un palo muerto,
en la guerra o en la cama?
Para el cielo, no hay más fama
que el bien morir.

Vaca

Eso es cierto,
como lo será también
el premiar su majestad
el valor y la lealtad
de los que firmes estén
en su servicio, y yo ahora,
(en su nombre agradecido)
honraré a cuantos han sido
de nuestra parte; no ignora
el noble merecimiento
a fuer de la sangre ingrata.
Todo este imperio de plata,
indios y repartimientos
no pueden satisfacer
lo mucho de estos empeños;
pero llamándoos sus dueños

tendrán menos que temer.

(Sale Trigueros.)

Trigueros
Parabienes llega a darte
de la victoria adquirida
Gonzalo Pizarro.

Vaca
Pida
triunfos que apetezca Marte,
como el soldado mayor
que ha visto este polo nuevo.

(Sale don Gonzalo, de luto.)

Gonzalo
Por muchas razones debo
encarecer el valor,
que hace dichoso este día;
pues el Perú restaurado;
mi hermano, el marqués, vengado;
postrada la tiranía
y premiada la lealtad,
vuelve a ser dueño segundo,
Carlos, de este nuevo mundo,
y debe su majestad,
preciarse de la elección
que ha hecho en vueseñoría,
pues solamente podía
su celo, su discreción,
siendo capitán y juez,
en la campaña, soldado,
y en el tribunal, letrado,
mostrar que suele tal vez,

porque Marte no presuma
enemistades de Apolo,
juntar, un sujeto solo
al laurel la espada y pluma.

Vaca Si yo, señor don Gonzalo,
no hubiera reconocido
emulador advertido,
que a su valor no me igualo,
vuesa merced crea en mí
que nunca le suplicara
que esta empresa me dejara,
hícelo, porque advertí
que llevándose la gloria,
como en las demás ha hecho,
no hubiera yo satisfecho
deseos con la victoria
presente, que a hallarse en ella
quedara mi opinión triste;
porque donde el Sol asiste
¿cómo alumbrará una estrella?
Este luto que ocasiona
el marqués gobernador,
desdice con su color
la fama que le corona;
pues muriendo en la defensa
de su gobierno y su ley,
de su lealtad y su rey,
poco le estima quien piensa
que con tristezas señale
el dolor que manifiesta;
si se vistiera de fiesta,
si la ostentación y gala

publicaran su valor,
mostrara que en trance igual
no vive más el leal
de lo que quiere el traidor.

La cruz que hizo en el postrero
curso de su heroica vida,
sacándola de la herida
que abrió el desleal acero,

autorizó la que al pecho
el César Carlos le puso,
pues católico dispuso
en las conquistas que ha hecho

el laurel que eterno gana;
que, en quien triunfos apetece,
más noble la cruz parece
de sangre, que la de grana.

Vivo, imitó a Dios humano,
pues con doce compañeros,
conquistadores primeros
de este orbe nuevo cristiano,

mil leguas rindió al bautismo;
y porque del propio modo
pudiese imitarle en todo
quiso morir con él mismo.

Pues la envidia, en su venganza
sin que eclipsase su luz
le dio en su sangre la cruz
y en su Dios la semejanza.

Si esta verdad, pues, advierte
vuesa merced, ¿de qué fruto
será que le agravie el luto?
Envidie el leal su muerte

y festéjela bizarro

quien su valor acredita,
pues el marqués resucita
en don Gonzalo Pizarro.

Caravajal

¡Vive Dios! que es eminente
vueseñoría, señor,
en todo: predicador,
capitán y presidente.
Úselo —¡cuerpo de tal!—
predique, hará maravillas,
y ahorraráse de capillas
el Perú.

Vaca

Caravajal,
vos habláis como soldado,
mezclando burlas y veras;
sabéis abatir hileras
y ordenar un campo armado.
Esta victoria se os debe
y está a mi cargo el premialla.
Vuestro acero en la batalla,
mientras osado se atreve
a los riesgos ¿no predica?
Sí, que las grandes acciones
también sirven de sermones
cuando el valor las practica.
Con sus hechos, cada cual,
el crédito pierde o cobra;
bien predica quien bien obra,
pero mal quien obra mal;
y porque saber deseo
la prodigiosa jornada,
puesto que no afortunada,

de la canela y os veo,
como en las armas bizarro,
en la paz entretenido,
que nos la contéis os pido,
pues triunfos de tal Pizarro
justo es que los celebremos.

Caravajal

Si hazañas púlpitos son,
y a mí me toca el sermón,
obediencia, y prediquemos.
Deseoso de ensanchar
la cesárea monarquía
de España, el marqués Pizarro
renunció, asistiendo en Lima,
en don Gonzalo el gobierno
de Quito, cuyas provincias
eran el límite entonces
de las cristianas conquistas.
Dióle quinientos soldados
de la gente más lucida,
que alistó, para estos orbes,
el valor y la codicia.
Con ellos, pues, y su esfuerzo
hacia el oriente encamina
cuatro mil indios armados,
y alegres con la noticia
de que pasadas las sierras,
a las márgenes y orillas
del monarca de las aguas,
de esa undosa hidropesía
que tantos Nilos se sorbe
y por mil leguas desliza
piélagos de inmensidades

potable su oro en almíbar.
Marañón le dan por nombre;
perdone vueseñoría,
si excedo ponderador;
porque ahora no se estiman
discursos en canto llano
mientras no se hiperbolizan;
que, vocablos con guedejas,
son los que el vulgo autoriza.
Digo, pues, que codiciosos
con la fama recibida
de los árboles canelas
que aquellos peñascos crían,
marchamos al son del parche
hasta una tierra que el Inca
Vaynacap rindió a su imperio,
pienso que se nombra Quinja.
Recibiéronnos de guerra;
mas cuando ven que los brindan,
en vez de vino y jamones,
confitones de Castilla
fantasmas, desaparecen
y en un instante se enriscan
donde, o el infierno los traga
o nos bambollan la vista;
porque cuantos en su busca
diligencias exquisitas
hacen, sin topar persona,
tiempo y pasos desperdician.
Apenas, pues, se nos vuelan
cuando aquella noche misma,
conjurándose los cielos
elementos amotinan;

porque la tierra temblando,
de los rayos que granizan
al son de tambores truenos,
tenebrosas culebrinas,
hasta su centro abre bocas
que bostezan o respiran
diluvios de azufre en llamas,
entre alquitrán y resina.
Como quien se sorbe un huevo
quinientas casas pajizas
se merendó, cual si fuera
tiburón y ellas sardinas.
Tocó después a rebato
el hambre, en la gente viva,
y saliendo a pecorea
nuestro ejército en cuadrillas,
el regalo más sabroso
que nos guisó la desdicha
fue, a falta de gallipavos,
culebras y lagartijas.
Salimos, cual digan dueñas
de aquella región maldita,
y fue escapar de Caribdis
para tropezar en Scila;
porque, el Mar del Sur a un lado
y al otro sierras prolijas,
con cuyas cumbres se ahorrara
Nemrot de la torre egipcia,
de manera se eslabonan
que la esperanza nos quitan
de proseguir, ni tornarnos,
porque el hambre ejecutiva
nos amenaza a la vuelta;

atreverse a la subida
de las estrellas, sin alas,
aun pensarlo atemoriza.
Empanados de este modo
en agua y sierras, anima
el gran Pizarro la gente,
y llevándole por guía
trepamos, gatos monteses,
volatines por las picas,
hincando, tal vez, las dagas
por troncos y redendijas,
y tal echando a los ramos
las cuerdas y las pretinas
para guindarnos por ellos;
porque el pobre que desliza,
de risco en risco volando,
de tal manera le trinchan,
que aún no valen sus migajas
después, para hacer salchichas.
Venció, en fin, dificultades
la industria, y subiendo arriba
el que sudó de congoja
helado, después, tirita;
porque hallamos nieve tanta
que de las escuadras indias,
cantimploras de la muerte
dejamos ciento, en cecina.
Encaramados, en fin,
sobre las cándidas cimas
de los Peruleros Andes,
pudimos tender la vista
por infinidad de tierras,
cuyas poblaciones ricas,

templos, palacios y casas,
nos parecieron hormigas,
y bajando, con los ojos
en los pies, catorce días
gastamos en vericuetos,
ya a gatas, ya de cuclillas.
Dimos en un valle, al cabo,
que el Marañón fertiliza,
de yucas y de maizales
cuyas gentes se apellidan
Zumacos, donde un volcán
sobre una sierra vomita
cerros enteros de llamas,
la vez que se encoleriza.
Alojámonos en él
haciendo que nos reciban
a puros escopetazos
los bárbaros que le habitan;
donde estuvimos dos meses
que nos duró la comida,
sin que el Sol en este tiempo
su cara vernos permita,
ni las nubes taberneras
cesen de echarnos encima
diluvios inagotables
que hasta el alma nos bautizan.
Cayeron los más enfermos;
porque las ropas podridas
con el eterno «agua va»,
nos dejó en las carnes vivas.
Buscamos temples mejores,
hasta que la apetecida
canela en montes inmensos

descubierta, nos alivia.
Son unos árboles éstos
que a los laureles imitan
en las siempre verdes hojas,
con ramas tan presumidas
que se burlan de las flechas
sin que se osen a sus cimas;
su corpulencia tan grande
que no es posible la ciñan
tres personas con los brazos;
su flor blanca y amarilla,
su fruto ciertos capullos
que se aprietan y arraciman
formando mazorcas de ellos
y en cáscaras quebradizas
conservan menudos granos,
que, sembrados, son semilla.
Es su forma de bellotas
y con una virtud misma
raíces, hojas, cortezas,
flor y fruto, se asimilan
en el sabor y sustancia
a la canela que cría
el oriente, y por Europa
Portugal nos comunica.
Hay selvas y bosques de ella;
mas la que se beneficia
y con cuidado se labra,
según los indios afirman,
es mucho más excelente.
En fin, los que la cultivan
fundan su caudal en ella;
porque acuden las vecinas

naciones a su comercio,
y les dan por adquirirla
maíz, algodón, venados,
y mantas con que se vistan.
Crecen de modo estas plantas
que llevándose a Castilla
un árbol solo, pudiera
sazonar cuantas cocinas
tiene la gula en España,
y estarále agradecida
a don Gonzalo Pizarro
que descubrió su conquista.
Pero atrévese a buscarla
como él, quien le tiene envidia
y sabrá, sudando sangre,
a cómo sale la libra.
Volvió el hambre a ejecutarnos;
porque ¿de qué nos servía
faltando el arroz y leche
canela que muerde y pica?
Y andando a caza de gangas,
la necesidad nos guisa
zambos, monos, papagayos,
pericos y catalinas.
En más de doscientas leguas
que caminamos, a vista
del Briareo Marañón,
no hallamos otras delicias
que ñames, agios, papayas,
guayabos, cocos y piñas;
porque iguanas y alcatraces
fuera pedir gollorías.
Llegamos al cabo de ellas

a un salto que precipita
la soberbia inmensidad,
sus aguas todas ceñidas
en la estrechez de dos sierras
que le encarcelan y humillan
tanto, que no hay veinte pasos
de la una a la otra orilla.
Éste, pues, con la impaciencia
de que dos cerros le opriman,
doscientos estados salta
y a unos llanos se derriba,
con estrépito tan grande
que las gentes convecinas
oyen su infernal estruendo
distantes de el veinte millas.
Determinamos pasarle
por las angosturas dichas,
juntando a entrambas riberas
una puente levadiza;
y haciendo cortar maderos
—¿a qué no se determina
el valor necesitado?—
nos dio la industria tal prisa,
que armándola aquella noche,
y de bejucos y pilas,
hay mucha en aquellos campos,
torciendo sogas rollizas
la atamos el día siguiente,
y a fuerza de ingenio y grita
a la otra batida la echamos
causando a los indios grima.
Proseguimos, en efecto,
aquella costa prolija,

dos meses, cuyos trabajos,
hambres, lluvias y fatigas
han de pasar, si las cuento,
en los que ociosos nos sigan,
sino plaza de novelas
por vislumbres de mentiras.
Pero —¡voto a Dios!— señor,
que entre plagas infinitas
que nos brumaron la carnes,
sus cicatrices lo digan,
cuando sufriéramos solo
enjambres de sabandijas,
murciélagos de a dos varas,
arañas, tábanos, niguas,
mereciéramos coronas
de mártires, a adquirirlas
en los siglos Diodecianos
por la fe y no la codicia.
Mosquitos hay tan valientes
que taladran, cuando pican
una bota de baqueta,
porque son aleznas vivas.
Jejenes hay aradores,
que, imposibles a la vista
dan más dolor, si se ceban
que una azagaya morisca.
Pruébelo quien lo dudare;
que nosotros, hechos cribas,
y en puribus, conquistamos
Mainas, Guemas, Urariñas,
Cerbataneros, Cocamas,
Troncheros, Guainos, Paninas,
y otros mil que a la ignorancia

darán, si los nombro, risa.
Resolvióse don Gonzalo
a una cosa, solo digna
de los caprichos Pizarros;
porque temoso fabrica
un bergantín que asegure
los enfermos que peligran,
llevándolos agua abajo
con el fardaje y comida.
Cimentó dos fraguas y hornos;
árboles quema y derriba
con que carbón amontona,
y que le den solicita
las armas de los que han muerto,
cascos, arneses, cuchillas,
herraje de los caballos,
hasta las propias pretinas
deshierra, forjando luego
todo lo que necesita
un bajel, de esta materia.
¡Tanto puede una porfía!
Don Gonzalo era el primero;
que porque todos le sigan,
ya en el taller, ya en la fragua
trabaja, sopla, martilla,
compasa, mide, dispone,
desbasta, asierra, acepilla;
porque en tales ocurrencias
más noble es quien más se tizna.
Bejucos sirven de jarcias,
y la goma que destilan
los árboles de las selvas
suplió la brea y resina.

Para que no falte estopa
mantas de algodón deshilan
que el casco calafatean,
y de las rotas camisas
velas remendadas hacen;
con que logrando fatigas,
al agua, alegres le arrojan
y en él su remedio libran.
A Francisco de Orellana,
por ser persona de estima
de su sangre y de su tierra,
su gobierno le confía,
y con cincuenta españoles
lo manda, que a toda prisa
por el Marañón abajo
descubrimientos prosiga,
y que a las ochenta leguas
aguarde porque le avisan
que allí con el Marañón
dos ríos pierden la vida.
Partióse el falso pariente;
y en perdiéndonos de vista,
con el bajel se levanta,
la gente toda amotina,
y al padre Caravajal,
de la sagrada familia
del mejor Guzmán de España,
porque de su tiranía
los excesos reprehende,
echa en tierra, y fue harta dicha
que no pereciese de hambre,
pues no comió en cuatro días.
Llegamos al cabo de ocho

por tierra, a la referida
región, y encontrando al fraile
nos cuenta la fuga indigna
de tal hombre y tal nobleza,
con que en efecto nos pilla
más de cien mil pesos de oro
que nos dieron las conquistas,
en carnes y sin hacienda.
Juzgue vuestra señoría
la cara que en los soldados
la pobreza hereje pinta,
que de vinagre las nuestras,
con «reniegos» y «por vidas»,
impaciencias desfogamos
—permisión de la milicia—
cuando al querer dar la vuelta,
nos asaltan infinitas
legiones de hembras armadas,
en los rostros serafinas
pero en las obras demonios,
pues tanta piedra lloviznan,
tantos dardos nos arrojan,
tantos flechazos nos tiran
que, si no se enamorara
de la airosa bizarría
de don Gonzalo Pizarro
su hermosa reina o cacica,
y de mi su bruja hermana
—¡por Dios!— que nos desvalijan
de las almas, y que, hambrientas
o nos asan o nos guisan;
porque comen carne humana
mejor que nosotros guindas.

Éstas son las Amazonas
que las historias antiguas
tanto ensalzan y ponderan,
y allí viven sus reliquias.
Picadas, en fin, las dos
de nosotros, nos convidan
a que su tierra poblemos,
y de repente nos brindan
con el santo maridaje
ofreciéndome la mía,
en dote, cuantos demonios
sótanos de azufre habitan.
Era, aunque hermosa, hechicera
de suerte la diablinisa
que habló en lengua castellana
mejor que las de Sevilla.
Y apretaba el matrimonio;
mas con excusas fingidas,
guarnecidas de requiebros,
don Gonzalo las obliga
a que nos dejen volver
a Quito y que nos permitan
alistar más gente y armas,
jurando que en breves días
tornaremos a sus ojos,
porque alegres nos reciban
no en los puros cordobanes
sino con galas lucidas.
Concediéronlo por fuerza;
y llorando enternecidas,
por otros rumbos echamos.
No me consientan que diga
las desgracias de la vuelta,

pues fueron tan inauditas
que las juzgarán patrañas.
Trujillo se las repita,
que nos recibió esqueletos;
y aunque ropas nos envía,
no quiso nuestro Pizarro
que ninguno se las vista,
sino que para trofeo
del valor que le eterniza
manda que entremos en carnes
desde el cuello hasta la cinta.
Amábanle de manera
sus vecinos que, sabida
su resolución, salieron
los más de la suerte misma
a recibirle en pelota.
Triunfo parece de risa,
pero fineza es de España
que en bronces la fama escriba.
Ésta fue la tal empresa
para nosotros maldita,
mas para España dichosa
si ganarla solicita.
Quien canela apeteciere,
al rey su gobierno pida;
porque yo le voto a Dios
de no probarla en mi vida.

Vaca

A vos, maese de campo os sobra tanta
y endulzáis narraciones lastimosas
de suerte, que si oírlas nos espanta
vuestra sazón las sabe hacer sabrosas;
solo caben por vos en su sujeto

vencer valiente y deleitar discreto.
Crió el cielo en España
al señor don Gonzalo,
para acciones al crédito imposibles;
y mostró en esta hazaña
que para él los peligros son regalo,
más deseados, cuanto más horribles.
Si Carlos a su lado le tuviera,
temblara Argel y Solimán huyera.
(A don Gonzalo.) Vuesa merced consuele a su sobrina,
hija del gran marqués, pues le sucede
en esta obligación y solo
puede restaurar su presencia la ruina
que con su muerte llora.
Tendrá doña Francisca, mi señora,
pues a su amor la fío,
juntamente en su amparo, padre y tío.
Yo doy la vuelta a Lima,
porque el Perú recela
las ordenanzas que el consejo intima,
y que despacha a Blasco Núñez Vela
por su virrey primero,
al paso bien nacido, que severo.
Si el César, cual se afirma,
hizo al marqués merced de que nombrase
gobernador que en su lugar quedase,
preséntame su cédula, o su firma,
que si antes que muriese
el marqués, ordenó que sucediese
vuesa merced en su gobierno y cargo,
renunciaré yo el mío, sin embargo
de que hasta ahora en posesión le tenga.
Y antes que a Lima Blasco Núñez venga,

la real chancillería
le admitirá por tal, a instancia mía
que las reales mercedes concedidas
no se derogan mientras no sucede
insulto que las vede;
y dándose el gobierno por dos vidas,
siendo vuesa merced, como sospecho,
por el marqués nombrado ¿qué derecho
alegará el virrey, con que le prive
de la acción que le ampara mientras vive?

Gonzalo Debe a vueseñoría
todas sus medras la fortuna mía;
y es cierto que mi hermano
antes que me partiese
quiso, que después de él le sucediese;
y haciendo testamento ante escribano,
en virtud de la cédula adquirida,
al gobierno me llama
que Carlos concedió por otra vida,
y así esta vez dijo verdad la fama.
Pero yo, que hasta en eso
la fe y lealtad publico que profeso,
mientras a España envío,
suspenderé mi acción, porque confío
de la imperial palabra y celo justo;
que, si el César en guerras divertido,
dio lugar al olvido
para nombrar a otros, como augusto,
como rey y señor de sus acciones,
revocará al virrey sus provisiones.
Entretanto a la Charcas retirado,
treguas daré al cuidado,

ocios al pensamiento
y en las minas de mi repartimiento,
donde sus indios me han encomendado,
descansaré seguro.
Mas, si el virrey que viene
turba la paz que ahora el Perú tiene,
como de él se recela y conjetura,
y a mis servicios muestra ingrato pecho,
por fuerza habré de usar de mi derecho.

Vaca — Hará mal, si no estima
tal valor el virrey. Mándeme en Lima
vuesamerced, verá con cuanto celo
te procure servir.

Gonzalo — Prospere el cielo,
señor, a vueseñoría
para patrón de la justicia mía.

(Vanse todos. Salen Menalipe y Martesia.)

Menalipe — No dudes, Martesia mía,
la muerte que darme tratas,
si la vista me dilatas
del español solo un día.
Amor y melancolía
martirizan mis desvelos;
la ausencia, que es toda hielos,
llamas en mi pecho aumenta;
su memoria me atormenta
y me enloquecen mis celos.
¿No fue ingratitud notoria,
hermana, no fue crueldad,

llevarme mi libertad
y dejarme su memoria?
¿Robarme el alma es victoria
y no el cuerpo en que se encierra?
Mas —¡ay cielos!— que en la guerra,
quien al asalto se arroja,
las joyas y oro despoja
y echa la casa por tierra.
  Blasonaba mi rigor
desprecios de mi desdén;
¡guárdese de querer bien
quien nunca ha tenido amor!
Que, cuando con más valor
el bronce suele mostrarse
al fuego, que apoderarse
de su materia pretende,
cuando más tarde se enciende
dura más en conservarse.
  Martesia, cara, yo muero,
yo perezco, yo me abraso;
si de mi vida haces caso
págame lo que te quiero.
Ya suele el viento ligero
servirte de augusto carro;
más que el de Febo bizarro
forma de sus alas coche,
y haz que me lleve esta noche
a ver mi Apolo Pizarro.

Martesia

Si con la facilidad
que en eso puedo agradarte
pudiera yo asegurarte
la española voluntad,

sabrosa felicidad
en sus brazos poseyeras.
¿Pero qué logros esperas
de un hombre tan desdichado
que a muerte le han destinado
las superiores esferas?
  Un juez ha de degollarle.
Los mismos que le acompañan,
y aduladores le engañan,
le han de vender y dejarle.
A la guerra han de forzarle,
y al tiempo del asistirle,
la victoria han de impedirle,
el imperio han de ofrecerle
y han de insistir en perderle,
por no querer admitirle.
  Si del amor que conservas
remedio a mi ciencia pides,
yo te daré con que olvides
esas memorias protervas;
aguas, metales y hierbas
me fían sus propiedades,
y si con ellas añades
conjuros y caracteres,
verás, si olvidarle quieres,
que sé mudar voluntades.

Menalipe

  No curas como discreta;
que el alma espíritu puro,
ni a las hierbas ni al conjuro
como el cuerpo se sujeta;
su sustancia es tan perfecta
que por libre la reputan,

los sabios, con que confutan
tus astrólogas violencias,
porque agüeros e influencias
si señalan, no ejecutan.
  No se deje llevar de ellas
el absoluto albedrío
del gallardo español mío
y mentirán las estrellas,
ni tú hermana por tenellas
que le olvide has de alcanzar;
puesto que en esto de amar
suele en un ingrato ser,
el premio del poseer
motivo para olvidar.
  No en mí, que vive en su llama,
salamandria, mi afición,
y es especie de traición
buscar olvido quien ama.
Miente la ciencia y la fama
que en las plantas piensa hallar
virtudes con que curar
penas, que no admiten medio,
porque no hay otro remedio
para olvidar, que olvidar.
  Pero, disputas dejemos
y venturas prevengamos;
¿para qué olvidos buscamos
si ver y gozar podemos?
¿No sientes tú mis extremos?
¿Pues con ellos no te obligo?

Martesia	Sí siento, pues que los sigo,
de tu gusto ejecutora.

Yo te pondré dentro una hora
con tu amante; ven conmigo.

(Vanse Martesia y Menalipe. Salen don Gonzalo Pizarro y doña Francisca, de luto y llorando.)

Gonzalo

Enjugad los ojos bellos
que sin culpa maltratáis;
mirad que hechizos lloráis
y podréis matar con ellos.
Llevóse el cielo al marqués,
padre vuestro, hermano mío;
la vida, sobrina, es río
que corriendo al mar, sin pies
en su golfo viene a hallar
imperio más dilatado,
pues con sus olas mezclado,
muere río y vive mar.
Haced el discurso mismo
con vuestro padre y mi dueño,
pues si murió, río pequeño,
ya es, con Dios, inmenso abismo,
y poned, Francisca, en él,
toda vuestra confianza.

Francisca

Diera a la muerte venganza
mi sentimiento cruel,
a no templar su dolor
la dicha que en vos reparo,
pues quedáis para mi amparo
por mi padre y mi señor.

Gonzalo

Título más venturoso

querrá el cielo que me cuadre,
si, como me llamáis padre,
venís a llamarme esposo;

que no es, Francisca, razón,
cuando restaurarse puede,
que por ser vos hembra, quede
sin hijos la sucesión

de quien este imperio indiano
por su Alejandro confiesa.
Este inconveniente cesa,
vos su hija y yo su hermano.

Si volvemos a anular
quiebras de tantos cuidados,
pues en semejantes grados
suele el papa, dispensar;

que admitiendo el amor mío,
a pesar de este defecto,
conseguís en mí, sujeto
juntos, padre, esposo y tío.

Francisca

Si yo guardara la ley
de los Incas, aunque vana,
solamente con su hermana
se casaba nuestro rey.

Mi abuelo fue Guainacapa,
Yupangui y Pizarro soy.
Mi consentimiento doy
para que dispense el papa.

Pues si Dios lo determina
y nuestra ley lo consiente,
no es tan grande inconveniente
casar con vuestra sobrina,

como lo fue con la hermana

en nuestros Incas primeros.

Gonzalo

Ni puedo yo encareceros
el bien que mi gozo gana,
si no es sellando los labios
con estos puros candores;
que extremos ponderadores
adulando hacen agravios.
Solo con silencio igual
mi amor sus extremos muestre.

(Sale Trigueros.)

Trigueros

Nuestro de campo maestre,
Francisco Caravajal,
dice que le importa hablarte
cosas que llama el latino
arcanas, y es femenino
según Nebrija y el Arte.

Gonzalo

Seránlo pues él lo dice
que es de los hombres primeros,
valientes y consejeros,
de España; el cielo autorice,
mi Francisca, nuestro amor.
Trigueros, guarda esa puerta.
No entre nadie.

Trigueros

Aunque esté abierta,
a ser yo tan guardador
de lo que me desvalija
el vuelco de un dado solo,
como de que no entre Apolo

ni aún por una redendija,
yo tuviera más dineros
que en Castilla paga un juro.
Vaya Vuesasted seguro
que buena tranca es Trigueros.

(Vanse don Gonzalo y doña Francisco. Salen tapadas de medio ojo a lo español Menalipe y Martesia.)

Martesia	Así las damas de España
averiguan los temores
de sus sospechas y amores.
Presto verás si te engaña
tu amante.

Menalipe	Bien satisfaces
prodigios que prometiste.
¿Más de dónde apercibiste
tan brevemente disfraces
con que viendo sin ser vista
temeridades ocultes?

Martesia	Nunca en eso dificultes
mientras vieres en mi lista
los espíritus sujetos
que ejecutan cuanto pido.
Si por el viento has venido
a experimentar secretos
que después te den enojos,
quien lo más, hermana, pudo
¿no podrá lo menos?

Menalipe	Dudo

lo que veo.

Trigueros ¿Medios ojos
ya en Indias? No hay patacón
que no tiemble de fayancas
en el aire y manos blancas.
Busconas de España son.
¿Qué es lo que mandan aquí
vuestras medias ojerías?

(Quiérense las dos entrar sin hablarle.)

Damimudas, que en mis días
sois las primeras que vi;
zamparos sin responder;
siendo yo la cerradura
es descortés travesura.
Téngase toda mujer
que hay orden de no pasar
de estos umbrales un dedo.
(Sale Martesia.) ¡Ay, cuerpo de Cristo! ¡Quedo!
¿Quijadas sabéis birlar,
manecilla de manteca?
Más parecéis de almirez.
¡Tan blanda en la vista y tez
y en las dádivas tan seca!
Mano sois del Jueves Santo;
mano de tigre y tejón;
si ha de haber conversación
desenfardelen el manto,

que hablar a ojo será mengua.

(Valas a descubrir, y pégale Martesia.)

¡Paso, ofrézcolas a Judas!
¡0 tener las manos mudas
o pasarlas a la lengua!
Mas ya sale mi señor;
dense con él a entender,
que yo no acierto a leer
bellezas de un borrador,
ya que hacerlas retirar
dos manotadas me cuesta.

Martesia ¡Don picarón, para ésta
que me lo habéis de pagar!

(Retíranse las dos sin descubrirse. Salen don Gonzalo, Caravajal y doña Francisca.)

Caravajal Notificó en Panamá
Blasco Núñez, como digo,
las severas ordenanzas.
No habemos de tener indios;
no ha de haber encomenderos.
Yanaconas de servicio,
ni por la imaginación;
llevar para el beneficio
de minas los naturales
será criminal delito.
Con que estériles los centros
de estos codiciosos riscos,
a falta ya de comadres,

quiero decir de ministros,
nos dificultan los partos
de sus preciosos esquilmos;
podrán los conquistadores
aprender de hoy más oficio,
y en pago de sus hazañas
pedir limosna sus hijos.
Todo esto ocasiona el celo
de escrupulosos caprichos;
todo esto inventan ociosos;
todo esto causan arbitrios.
Los españoles que dieron,
a costa de más peligros
que tiene ese mar arenas,
que quiebran sus costas vidrios,
cerros, al César, de plata
con que enfrenar ha podido
Luteranos en Sajonia
y en Milán franceses lirios,
por medio del presidente
Vaca de Castro, han pedido
al virrey que, suspendiendo
leyes de tanto perjuicio,
permita suplicar de ellas
al César rey, siempre invicto;
informándole verdades
y advirtiéndole precisos
inconvenientes y riesgos
que van abriendo camino
a intentos desesperados
de la fe española indignos.
Pero él sordo a nuestras quejas,
rebelde a nuestros gemidos,

quiere perderse y perdernos,
por no humanarse y oírnos.
Los oidores de la audiencia,
tan sabios como advertidos,
disponen que a Lima vaya
a consolar sus vecinos
doña Francisca Pizarro,
mi señora, en cuyo arrimo,
por ser animada imagen
del gran marqués don Francisco,
fundan todo su remedio;
porque, con su patrocinio,
creen que el virrey, cuando llegue,
como ilustre compasivo,
venerará las memorias
en ella, de aquel prodigio
que tanto España celebra,
que tanto honró Carlos Quinto.
El cuerdo Vaca de Castro,
señor, os pide, lo mismo;
y para esto me despacha
de la mitad del camino.
Id, piadoso, a interponer
vuestro valor y servicios
entre el rigor y los ruegos,
la aspereza y los suspiros.
Gozad la acción que tenéis
al gobierno, que os intimo,
pues os le ofrece la audiencia,
pues sucesor suyo os hizo,
en nombre del César Carlos,
el marqués que tanto os quiso;
pues os llama el presidente,

pues todos os lo pedimos;
que yo en fe de lo que os amo,
y lo que ofrezco serviros,
sin esperar la respuesta,
voy a dar a los amigos
la nueva de vuestra entrada;
pues si lo contrario afirmo,
vituperándoos de ingrato
daréis a guerras motivos.

(Vase Caravajal.)

Gonzalo

Sobrina, no han de poder
las persuasiones conmigo,
más que el valor que profeso,
más que la lealtad que estimo.
Mientras el emperador
no derogare el dominio
que, en daño de mi derecho,
han negociado validos
para Blasco Núñez Vela,
a Las Charcas me retiro,
donde en quietud y descanso
saldré de estos laberintos.
Id vos a Lima, señora,
pues bastarán los hechizos
de vuestras tiernas palabras,
de vuestros ojos benignos,
para suavizar rigores;
y hagan los cielos propicios
las partes de nuestro amor,
para que el nombre de tío
mejorado en el de esposo,

podamos los dos unidos
lograr en tálamo casto
deseos que duren siglos.

(Salen Menalipe, y Martesia, quienes descúbrense y lléganse a don Gonzalo y Trigueros.)

Menalipe
Venganzas, que a deslealtades
den escarmiento y castigo,
verás, ingrato, primero
en mi agravio y en tu olvido.
¡Ah, inconstante! ¿Estos engaños
son de la nobleza dignos,
que injustamente blasonas,
tan fácil yo en admitirlos?
¿Es blasón de caballeros
el prometer, fementidos,
correspondencias amantes
burlando pechos sencillos?
¿Así se cumplen palabras?
¿Así se estiman suspiros?
¿Así se sueltan empeños?
¿Así se pagan hospicios?
Pues en mi favor los hados,
en mi venganza los signos,
en mi amparo las estrellas,
en mi abono los auspicios,
con don Fernando, tu hermano,
celebrarán regocijos
las bodas, que no mereces,
porque él solamente es digno
de ser de tu dama esposo,
y con generosos hijos

resucitar del marqués
los hazañosos prodigios.
¡Plegue a los cielos, mudable!...

Martesia ¿Para qué, hermana, pedimos
lo que ellos ya a
según muestran los destinos?
Ven, que amanece el aurora.
(A Trigueros.) Y vos, grosero ministro,
alcaide de ingratas puertas,
seguidme, que así imagino
vengar descomedimientos.

(Cógele de una oreja, y vuelan los tres todo el patio.)

Trigueros ¡Madre de Dios! ¡Jesucristo!
¡Que me arrebatan los diablos,
que me desoreja un grifo,
que me encaraman sin alas,
que si del aire deslizo,
cien contadores de hacienda
no han de sumar mis añicos!

Francisca ¡Válgame el cielo! ¿Qué es esto?

Gonzalo Sobrina, fuerza de hechizos;
que en esta tierra el demonio
con esto engaña a los indios.

Fin de la segunda jornada

Jornada tercera

(Sale Gonzalo Pizarro solo, con gabán y montera, y una escardilla en la mano.)

Gonzalo

Quien por falta de experiencia
huye las felicidades
que ofrecen las soledades
a la vida y la conciencia,
venga a aprender esta ciencia
en mi sabrosa quietud,
y hallará aquí a la virtud,
tan segura de temores
que, coronada de flores,
le conserve la salud.

Después que envainé el acero
y el arnés troqué en gabán,
si primero capitán
ya en mi quinta jardinero,
lloro del tiempo primero
la juventud malograda,
y sé que en la aventajada
vida de esta profesión,
Dios a Adán dio el azadón
y el vicio a Nemrot la espada.

Dichoso el que no hace caso
de lo que no necesita,
y a Diógenes imita
quebrando en la fuente el vaso.
Si está tan cerca el ocaso
humano que apenas siente
la distancia de su oriente,

¿quién es de tan poco aviso
que, gozando lo preciso,
anhela lo impertinente?
  Ensoberbezca monarcas
el oro, alma de un abismo,
que yo lo soy de mí mismo
en la quietud de Las Charcas.
Guarde el avaro en sus arcas
tantas barras como penas,
que mientras naufraga arenas
yo en más seguros países,
gozo el oro en alelíses
y la plata en azucenas.

(Sale Trigueros.)

Trigueros ¡Ay!
Dentro

Gonzalo ¿Qué es esto?

Trigueros Si fue pulla,
trabajoso de ella escapo.
¡Ay!

Gonzalo ¿Quién se lamenta?

Trigueros Un sapo,
que no ha mucho que fue grulla.
  ¡Oh, bruja precipitante!
¡Trotanubes, saltamontes!
Si no hay pícaros Faetontes
¿qué te hizo un pobre ignorante,

sargento de mochilleros,
aguilucho en el amago,
para darme salto en vago
desde las nubes?

Gonzalo ¿Trigueros?

Trigueros Oye y no me triguerices,
pues ves cual estoy por ti;
privanza de soplos fui,
ya soy remacha narices.

Gonzalo Pues bien ¿qué te ha sucedido?

Trigueros ¿Pues bien dices? Di pues mal.
Aquélla que al tribunal
inquisidor ha ofendido;
plegue a Dios que antes de un Credo,
obispa en Corozaín,
la absuelva de volatín
el brasero de Toledo,
llevándome en un momento
por una oreja volando,
y conmigo registrando
los abanillos del viento,
como si hiciera calor,
me trasladó un diablo en popa
a su tierra, que en la ropa
le parecí borrador;
y en ella, aunque de rodillas
misericordia pedí,
en un instante me vi
sentenciado a albondiguillas.

Patrocinóme su hermana,
de quien diz que eres galán,
que quien bien quiere a Beltrán...
etc., y más humana
me dio, con arco y saetas,
la futura sucesión,
por lo menos de Amazón
quizá por verme sin tetas.
Un mes estuve con ellas,
y no sé si mis delitos
las dibujó amazoncitos,
pero no, que son doncellas;
y al cabo de él me despacha
la reina por mandadero
de su amor; no seas grosero
que es la más linda muchacha
que en el Perú puede hallarse.
Su reino todo te ofrece,
y si su amor se agradece
jura desamazonarse.
Pero si no, te amonesta
que no des crédito a amigos,
porque sangrientos castigos
la vil Fortuna te apresta;
y si te vuelve la espalda
debes temblar sus agüeros,
porque mil diablos caseros
son sus perrillos de falda.
Volvió a asirme de la oreja
la bruja, y en su jornada
serví al aire de arracada,
hasta que caer me deja
después de ponerme en fil

de este sitio siendo en él
o murciélago Luzbel
o cernícalo albañil.

Gonzalo
Quien de hechiceras se fía
sale, cual tú, escarmentado.

Trigueros
A caer en empedrado
medraba mi legacía;
mas que te guardes te advierte
tu amazona damisela,
de este Blasco Núñez Vela
que solicita tu muerte,
y en causa tan peligrosa
te desea apercibido.

Gonzalo
¿Por qué, si no le he ofendido?
Ni de la vida dichosa
que ha feriado a mi sosiego
esta alegre soledad
en su dulce amenidad,
podrá el apetito ciego,
que ambición el cuerdo llama,
sacarme, gozoso en ella,
no obligándome a perdella,
mi ley, mi rey y mi fama.

(Salen el capitán Almendras, Caravajal y otros.)

Almendras
Aceptará don Gonzalo
el gobierno y la defensa
de los vecinos del Cuzco
y el Perú que le respeta;

o cuando lo rehusare
habrá de hacer la violencia
lo que no la cortesía,
obligándole la fuerza.
Llegad y hablémosle todos.

Gonzalo

Señor capitán Almendras,
señor maese de campo,
¿que hay en que servirlos pueda?
¿Qué se ofrece? ¿Qué me mandan?

Caravajal

¡Cuerpo de Dios con la flema!
¿Sembrando ahora achicorias
y escardando berenjenas?
Hortalicen hermitaños
que comen no más que hierbas,
y no usurpe ese ejercicio
vuesa merced a poetas,
que tratantes en legumbres
pintan flores, plantan huertas,
y, sin salir de Pancayas,
gastan musas verduleras.
Estáse abrasando el mundo,
porque el virrey nos le quema,
¿y entretiénese en lechugas?
Pero hace bien, que son frescas.

Gonzalo

Amigo Caravajal,
yo escogí...

Caravajal

Mas que me alega
emperadores romanos,
que arrimaron las diademas

por ingerir bergamotas,
si no en nísperos en berzas,
menospreciando coturnos
por un cestillo de brevas.
Pues escuche lo que pasa.
capitán, dadle vos cuenta
de lo que está a vuestro cargo
y el cabildo os encomienda.

Almendras

La imperial ciudad del Cuzco,
de todo el Perú cabeza,
y por sus procuradores
otras tres juntas con ella,
que son Guamanga, Arequipa
y Chuquisaca, resueltas
de no admitir al virrey
que dicen que a Lima llega,
por su embajador me envían,
mandándome que os advierta
obligaciones que os corren,
pues somos hechuras vuestras.
Vos, primer conquistador,
con cuya sangre y hacienda
y la de vuestros hermanos
habéis ganado a la iglesia
más reinos, provincias más
que tiene en Castilla el César,
cuando no villas, ciudades,
reduciéndole mil leguas
las más ricas de este polo.
Vos, a quien solo venera
el Perú, por sucesor
del gran marqués, y en quien deja

el gobierno de estos orbes,
en virtud de lo que ordena
la cédula real, que os llama
a la dignidad suprema
de esta casi monarquía
por toda la vida vuestra;
vos, en efecto, a quien toca
el conservar la nobleza
de tantos conquistadores
que os tuvieron en la guerra
por caudillo, y en la paz
limitadamente premian
por solamente dos vidas
hazañas de fama eterna;
vos, victorioso Pizarro,
es razón que a la violencia
del virrey os opongáis.
Gobernador y cabeza
por el rey de esta corona,
y por las ciudades mismas
general procurador,
haciendo instancia por ellas
en que el virrey se desista
del cargo, que en vuestra ofensa
las posesiones usurpa,
hasta que España resuelva
dudas tan enmarañadas,
y vuestros amigos sepan
por qué delito os deroga
el rey las mercedes hechas.
Armas las cuatro ciudades
os ofrecen, y a su expensa
hasta quinientos soldados

que del rigor nos defiendan
con que el virrey amenaza
a cuantos le instan y aprietan
en que la súplica admita
que hace este reino a su alteza.
Esto es a lo que he venido;
pues para tan justa empresa
por padre el Perú os escoge;
sus ciudades os alientan,
sus españoles os llaman,
sus caballeros os ruegan,
sus soldados os suplican
y vuestra piedad os fuerza.

Gonzalo

Capitanes valerosos,
puesto que de la aspereza
con que el virrey ejecuta
leyes que la paz inquietan,
me quepa la mayor parte,
y que agradecido os deba,
como a hermanos en las armas,
morir en vuestra defensa,
no han de alterar persuasiones
en mí, la justa obediencia
que debo al rey, mi señor,
aunque por ello me pierda.
Despachados tengo a España
procuradores que adviertan
al César, de mi justicia;
e intentar, antes que vuelvan,
resistir sus ordenanzas,
será ocasionar las lenguas
de envidiosos y enemigos

que contra mí al rey alteran.
No han de bastar —¡vive Dios!—
a destemplar mi paciencia
del virrey las amenazas,
de mis amigos las quejas,
del Perú las inquietudes,
la pérdida de mi hacienda,
el no premiar mis servicios
ni el no estimar mi nobleza.
Tres cosas solas podrían
forzarme a olvidar la quieta
felicidad de estos campos
donde mi paz se conserva,
que son el celo debido
a la ley, que en esta tierra
por nosotros dilatada
a un Dios eterno confiesa;
el defender con la vida
a mi rey hasta perderla;
y el no permitir desdoros
que mi honor y fama ofendan.
Capitanes tiene el Cuzco
que si el virrey no se templa
podrán, sin mí, reducirle
con respeto y con prudencia.
Ochenta conquistadores
son sus vecinos; de ochenta
caballeros e hijosdalgo,
escojan uno en quien puedan
estribar sus esperanzas,
pues cada cual tiene prendas
dignas de cargos mayores;

y esto les dad por respuesta.

Caravajal ¿Pues qué ley, qué rey, qué fama
su conservación no arriesga
si pusilánime ahora
rehúsas el defenderla?
Nuestra ley, cuyos principios
saben los indios apenas,
¿podrá en ellos ser durable
si en su libertad los dejan,
aun viviendo encomendados
a españoles, que refrenan
su superstición antigua
y nuestra fe les enseñan?
Buscan de noche las guacas,
y entre los riscos y cuevas
idólatras sacrifican
a los brutos y a las piedras.
¿Qué harán, pues, cuando les falten
los dueños a quien respetan,
y con libertad dañosa
ejerciten sus blasfemias?
Luego, si el virrey nos quita
su administración, ya queda
destruida en el Perú;
la ley que a Cristo venera.
También al rey se le sirve,
mientras que no te obedezcan
por nuestro gobernador,
si la provisión presentas
que el marqués, en nombre suyo,
hizo en ti, pues fue primera
que la que trae Blasco Núñez,

adquirida con cautelas.
Nombrados los dos estáis
con una autoridad misma;
él por tiempo limitado,
tú por concesión perpetua,
que dure, lo que tu vida.
¿Tendrá acaso menos fuerza
en ti la cédula real
que la que el virrey alega?
Decir que sí, es ignorancia;
luego quien fuere contra ella
rebelde al rey que te elige
hará a su palabra ofensa.
Cien mil castellanos de oro
del fisco y la real hacienda
que embarcó Vaca de Castro
para servicio del César,
desperdició Blasco Núñez,
sin permisión de la audiencia,
en armas, que contra ti
dice la fama que apresta.
Doce mil y más ducados
gastó de estos en cuarenta
machos que a sus deudos compra
porque a tus amigos prendan.
Juzga si a su rey desirve
quien le defrauda sus rentas,
o qué valdrán las coronas
y los imperios sin ellas.
Rebelde al César te llama
y como tal te condena,
a instancia de los de Almagro,
a cortarte la cabeza.

De Lima mandó sacar,
con indigna inadvertencia,
a tu inocente sobrina,
y a vista del puerto presa
con guardas en una nave.
Los oidores menosprecia,
porque los riesgos le intiman
que tan ilustre doncella
y ocasionada hermosura
corre, dejándola expuesta
entre marineros libres
a la atrevida torpeza.
Si dudas de estas verdades,
no des crédito a la lengua,
pero dásele a estas cartas.

Gonzalo

¡Cesa, que me matas, cesa!
¿Doña Francisca Pizarro?
¿Doña Francisca? ¿Y que en ella
un caballero ejecute
desaires de su nobleza?
¿Presa en la mar mi sobrina?
¿Por qué culpa y a qué presa?
¿Por qué en la mar, si culpada?
¿Que aún no mereció en la tierra
que le conquistó su padre,
que sus abuelos pudieran
dejarla como monarca
en fe de ser su heredera?
¿El Sol de su honestidad
entre las viles tinieblas
de atrevimientos soldados?
¿Al qué dirán de las lenguas?

¿Cuándo pecó la ignorancia?
¿Cuándo agravió la inocencia?
¿Cuándo enojó la virtud?
¿Cuándo ofendió la belleza?
¿No obligaran cortesías
por mujer cuando ofendiera?
¿Por noble, cuando agraviara,
y cuando todo, por bella?
¿Yo sin honra, mi Francisca
ocasionada a la afrenta?
¿La ley de Dios profanada,
a riesgo del rey la hacienda?
¿Y yo gobernador, suyo?
¡No, cielos! No vida quieta,
no retiros agradables,
no soledades amenas.
¿Sin retornos mis servicios,
vaya; sin indios ni rentas
mis heridas y trabajos?
¿Qué importa cuando se pierdan?
Pero, ¿sin fama, sin honra,
a peligro la limpieza
de mi inocente sobrina
y que por ella no vuelva?
Vituperárame el mundo.
Adiós apacibles selvas,
valles siempre sosegados,
quintas floridas y frescas;
que ya será cobardía
lo que hasta ahora prudencia.
¡Toca al arma, marcha al Cuzco!

¡Muera el ocio! ¡Viva el César!

(Sale el capitán Hinojosa.)

Hinojosa

Aguarde vueseñoría.
Oirá las alegres nuevas
que me ocasionan a darle
este título, en que muestra
la razón y la justicia
sus hazañas y finezas.
¡Ojalá se le conmute
el rey en el de excelencia!
Llegaron del virrey a extremo tanto
las siempre aborrecibles destemplanzas,
que en menosprecio se trocó el espanto
de sus severas leyes y ordenanzas.
No todo celo, si es superfluo, es santo,
ni cordura atajar las esperanzas
del pueblo, pues por más que el juez presuma
suma justicia, es injusticia suma.
Mientras que Lima recibir procura
al virrey, en el Valle y su distrito,
que intitulan los indios Huhahura,
un mote halló sobre una puerta escrito.
Imprenta es la pared de la locura
y el carbón, pluma y tinta del delito.
Juzgad si es imprudente el que se afrenta
de motes en paredes de una venta.
Leyó, pues, en el Tambo estas razones:
«A quien viniere a echarme de mi casa
echaré yo del mundo», y dio ocasiones
esta desenvoltura al mal que pasa;

pues, como engendran fuego los carbones,
tanto al virrey encienden, que se abrasa
y a Antonio de Solar, dueño del Valle,
manda, en llegando a Lima, aprisionalle.

Sin más indicios, pues, que ver el mote
en la pared, aunque el autor se ignora,
manda que le confiese un sacerdote,
porque ha de ajusticiarle dentro una hora;
senténciale al instante a dar garrote,
y aunque inocente se disculpa y llora,
y no hay contra él testigos ni proceso,
la ejecución se notifica al preso.

Alborotóse el pueblo, porque en Lima
era este hidalgo justamente amado.
La nobleza piadosa se lastima,
y cada cual le sirve de abogado;
conque el virrey, temiendo no le oprima
la plebe amotinada, más templado
que esté en un calabozo, al fin ordena,
con esposas, con grillos y cadena.

En dos meses sufrió mil de rigores,
por más que libertarle solicita
la piedad de infinitos valedores;
mas era la crueldad más infinita,
hasta que se valió de los oidores
que le mandan soltar en la visita
donde se presentó, porque no hallaron
aún sombra del error que le imputaron.

Sintiólo Blasco Núñez sumamente,
enemistado ya con el audiencia;
prendió a Vaca de Castro, presidente,
sin darle cargos —¡bárbara violencia!
Y porque le aborrezca más la gente

al factor Illán Juárez, su impaciencia
mató una noche por sus mismas manos,
temeridad horrible, aún de tiranos.

A unos negros, después, de noche obliga
que vestido le entierren y en secreto.
Súpolo la ciudad, ya su enemiga;
y alborotada le perdió el respeto.
La audiencia real, prudente, los mitiga,
y recelando el peligroso aprieto,
prendieron al virrey, que de otra suerte
no hay duda que le diera el pueblo muerte.

Formáronle proceso los oidores,
sacando del sepulcro otra mañana
al difunto factor, que causó horrores
al pecho, de piedad menos humana.
Enterráronle oculto los rigores,
envuelto en una capa, que de grana,
pronosticarle su desdicha intenta,
pues hasta la mortaja fue sangrienta.

[...ento]
[..azan].
Vuélvenle a sepultar, con sentimiento
y pompa funeral, y luego trazan
que se embarque el virrey, pues que violento
a muerte sus rigores le amenazan,
y surcando el cristal la leve quilla,
preso el virrey le llevan a Castilla.

Los oidores, después, ciudad y audiencia,
en virtud del derecho que te ampara,
gobernador te nombran en su ausencia.
¡Prudente acción de tu justicia clara!
Asegure peligros tu asistencia;
temple congojas tu apacible cara;

paga la voluntad de quien te estima
y el cargo admite que te ofrece Lima.

Gonzalo

Si alientan los oidores mi derecho,
¿qué hay que esperar? Marchemos, pues, amigos,
y de la fe y lealtad que está en mi pecho
con Dios y con el rey seréis testigos.

Caravajal

Bastantes pruebas, gran Gonzalo, has hecho.
Castigos se remedian con castigos;
pague el virrey los suyos en España.

Gonzalo

Marcha a Lima, salgamos en campaña.

(Vanse todos. Salen Martesia y Menalipe con armas a lo amazonio.)

Menalipe

Morir, Martesia, morir
o librar a don Gonzalo;
mi amor a su estrella igualo.
Si le puedo reducir
a que mis consejos siga,
y de estos reinos se ausente,
los pronósticos desmiente
de la Fortuna enemiga.
Pero si no admite avisos
y obedece al hado cruel,
morir matando con él
son los medios más precisos
que mi triste suerte escoge.

Ésta es mi resolución.

Martesia

Ponerla en ejecución,
perdóname aunque te enoje,
ha de aprovechar tan poco,
que en vez de obligar tu amante,
a tus consejos diamante
y a mis persuasiones loco,
ha de apresurar su muerte.
Pero aunque esto es infalible,
yo haré por ti lo posible;
patrocínete la suerte,
y a tu amor agradecido,
tu amante se guíe por mí.
El que ves que sale aquí
de ejército apercibido,
es aquel Caravajal
a cuyo esfuerzo y valor
desde el postrer dictador
no le tuvo el mundo igual.
El virrey que preso a España
surcaba ese golfo frío,
por su mal, con el navío
se alzó, su pasión le engaña,
y en Tumbez tomando puerto,
de Trujillo y San Miguel
juntó la gente, que fiel,
como no sabe de cierto
la acción que al gobierno tiene
tu amante, y que los oidores,
por atajar los rigores
con que Blasco Núñez viene,
gobernador le han nombrado.

Como españoles de ley,
quieren seguir al virrey,
y la obediencia le han dado.
Contra él, pues, Caravajal
desde Lima apercibido
a deshacerle ha venido,
y de éste, por ser leal,
valiente y sabio, se fía
don Gonzalo. Si yo hiciese
que mis consejos siguiese,
discreto persuadiría
a tu amante que dejase
el Perú en esta ocasión
y en nuestra fértil región
esposo tuyo reinase.
Quiero yo a Caravajal
algo más de lo posible,
por lo soldado invencible,
por lo entretenido sal;
pero, es de modo arrojado
que si da en aborrecerme,
ni hechizos han de valerme
ni todo cuanto he estudiado.
Pero si quisiese Dios
llevarlos a nuestra tierra,
sin que amor nos haga guerra
tendremos quietud las dos.

Menalipe ¡Ay cara hermana! Si en
ti pusiese tal eficacia,

Amor, si te diese gracia...

Martesia — Calla y retírate a aquí.

(Retírense Martesia y Menalipe. Salen Caravajal y el capitán Almendras.)

Caravajal — Marchar, señores, marchar;
que si la ocasión perdemos
que entre las manos tenemos,
será difícil de hallar
otra vez.

Almendras — Doscientas leguas
has corrido en seguimiento
de Blasco Núñez. Aliento
pide el campo. Dale treguas
siquiera al cansancio, un día.

Caravajal — Este solo que nos lleve
de ventaja, hará que apruebe
nuestro daño, su porfía.
Si se fortalece en Quito
y en el campo reforzado
nos espera descansado,
¿no le parece delito,
digno de vituperar
perder esta coyuntura?
La presteza y la ventura
juntas se han de ejecutar.
Acabemos con el tema
en que su locura ha dado.
La audiencia le ha desterrado

a España; si nuestra flema
la victoria nos dilata
esta empresa se destruye.

Almendras
Al enemigo que huye...

Caravajal
Dirá la puente de plata.
Mas no huye quien se retira
para volver animoso,
reforzado y poderoso.
Quien comodidades mira,
señor Capitán, no sale
con hazaña de provecho.
En no dejando deshecho
al enemigo, ¿qué vale
el orden de la milicia?
ahora que nos ampara
la audiencia real, y está clara
por nosotros la justicia,
lógrela la diligencia.
Marchar, soldados, marchar;
don Gonzalo ha de llegar
mañana a nuestra presencia,
no se nos lleve la gloria
de tan honroso laurel,
pues ganándole sin él
será nuestra la victoria.
Tome refresco la gente
y sigamos el alcance,
porque perdido este lance

es nuestro daño evidente.

Almendras

No lo es menos el no dar.

Caravajal

Ya sabe mi condición;
pues propuso su razón,
obedecer y callar
es lo que ahora le toca.

Almendras

Sí, mas digo que me obliga...

Caravajal

Capitán, haga y no diga,
más manos y menos boca.

(Vase Almendras.)

¡Vive Dios! Que he de alcanzarle
esta noche, y deshacerle.
Acabemos con este hombre.

(Salen Martesia y Menalipe.)

Martesia

Airado español, detente.

Caravajal

¿En desierto y tentadoras?
Mas que llegáis a ofrecerme
¿piedras por pan?

Martesia

¿Me conoces?

Caravajal

Los diablos y las mujeres
dicen que sois de una casta;
y aunque serafín pareces,

tendrás diablescas las obras,
si engañosa me detienes
en favor de Blasco Núñez.
¿Dónde te he visto? ¿Quién eres?
¿Qué pides? ¿Qué se te antoja?
Que todas las de tu especie
en llegando el donativo
vienen para mí
Si en la corte de Castilla
un medio ojo me embistiese;
y por la Calle Mayor,
donde son sus mercaderes
escollo de toda bolsa,
sus coches nuestros bajeles,
que en cualquiera tienda encallan,
y sus ninfas holandeses,
pudiérasme ejecutar
en colonias, alfileres,
guantes, bandas, rosas, dijes,
o más arriba en joyeles,
polleras, basquiñas, naguas,
y lo que este siglo teme
en cajas de chocolate;
que para que desesperen
los Píramos en vellón,
conforme de allá me advierten,
el diablo inventó a Guaxaca,
Guatemalas y Campeches;
pues, después que se conocen
en nuestra nación, se beben
en tres jícaras, tres damas,
cien escudos en dos meses.
Pero aquí si no es que pidas

del modo que Eva a la sierpe,
o plátanos, o guayabas,
solo tengo que ofrecerte
con bizcochos de estos riscos,
chocolates de estas fuentes.

Martesia

Famoso Caravajal,
que si asombras por valiente
deleitas por sazonado,
en fe que todo lo vences.
Yo soy aquella amazona
que si tuvo dicha en verte,
fue infeliz en adorarte,
pues sus penas no agradeces.
Sé los riesgos a que el hado
te lleva, sé que te atreves
contra el cielo y la Fortuna
a hazañas que te despeñen.
Por ti la reina, mi hermana,
cuyo renombre obedecen
cuantas naciones distantes
la plata líquida beben
al inmenso Marañón,
dejando su patria fértil,
alas de los vientos forma,
para que sobre ellos vuele
a esta región que os anuncia
a ti y a su amante, en breves
tiempos tragedias que lloren
los siglos que nos suceden.
Respétate por amigo,
don Gonzalo, con él pueden
tus consejos cuanto pides,

tu eficacia cuanto quieres.
Redúcele a las venturas
que los cielos le prometen,
si dueños de nuestra patria
y noble correspondiente,
al amor de Menalipe,
nuestra corona ennoblece
para blasón de tu fama,
que se eternice en sus sienes,
que, si por tus persuasiones
a las estrellas desmiente,
que triste fin le amenazan,
conquistará felizmente
las dos márgenes ocultas
del Marañón, dando leyes
a cuantas provincias varias
viven sus comarcas verdes.
Desde las sierras de Quito
hasta donde sus corrientes
con el océano luchan
del norte, que se las bebe,
mil leguas y más le aguardan
tan ricas, que son perennes
las venas, que en vez de sangre,
el metal monarca vierten;
tanta plata y oro esquilman
los Omaguas, solamente,
que, mayorazgo del Sol
goza su comarca fénix;
tantas minas, cuantos riscos,
conquistará si los vence
a Europa, al África, al mundo
postrando a sus plantas reyes.

Serás, español gallardo,
si su condición rebelde
ablandas, señor del orbe,
regiones hay en que reines
ignotas hasta aquí al mundo,
y en pacíficos deleites
dueño de un alma serás
que como a Dios te venere.

Menalipe ¡Oh si contigo bastasen!
¡Oh si en tu estima valiesen,
nuevo Pompeyo de España,
lágrimas, que han sido siempre
hechizos para los nobles!
Si las que vierto te mueven,
si persuasiones te obligan,
si penas te compadecen,
humilde a tus pies se postra
una reina, a quien la suerte
y el amor de tu caudillo
rendida a sus llamas tiene;
si le reduces —¡qué dicha!
¡Qué gloria!—. Si le convences,
¡qué hazaña! Si le dispones,
¡qué premio! Si le enterneces,
¡de qué males que le excusas!
¡De qué riesgos te diviertes!
¡De qué tragedias te libras!
¡De qué gozos le enriqueces!
Si de envidiosos le apartas,
si en mi reino le previenes
coronas, ¡qué quieto goce
amor! ¡Que le adore siempre!

Cuánto es mejor que mi amante
pacíficamente impere,
sin dependencia de España,
que no entre la envidia y muerte
gobernar ingratitudes;
que, al paso que más se premien,
más sus fortunas envidien,
más sus hazañas condenen.
Vuestra vida está en tu mano;
vuestro honor solo depende
de tu lengua; librarásle
como cuerdo le aconsejes
que me siga, que retorne
la fe de un amor ardiente,
dispuesto a perder la vida
con él, si la suya pierde.

Caravajal

Persuasivas Ciceronas,
si vuestro llanto pretende
darnos la plaza de brujos
porque en España nos quemen,
vive Dios que obligan tanto
esas perlas mequetrefes,
esas razones gitanas,
esos semblantes de nieve,
que son dichosos los diablos
porque os sirven y obedecen
y que a no estar tan de prisa...
¿Pero qué rebato es éste?

(Retíranse las dos y tocan a rebato y sale el capitán Almendras.)

Almendras

¡Al arma, al arma, españoles!

¡Al arma, insigne maestre
que la victoria nos llama!

Caravajal

Sí llamará; mas, sosiegue.
¿Qué hay de nuevo? ¿Qué le asombra?

Almendras

De las acciones crueles
con que el virrey Blasco Núñez
hace que todos le tiemblen,
tan temerosa le sigue
su casi forzada gente,
que de noche a don Gonzalo
se acogen, de veinte en veinte.
Hizo dar garrote un día,
por sospechas solo leves,
a los capitanes Serna
y Gaspar Gil, sin que templen
ruegos, sus severidades.
Mató de la misma suerte
a don Rodrigo de Ocampo
con ser su lugarteniente;
con Ojeda hizo lo mismo;
Gómez, Estacio, Valverde,
y Álvaro Caravajal,
todos caudillos valientes.
Llegó Gonzalo Pizarro,
que nunca ocasiones pierde,
por atajos del camino,
mientras descuidado duerme,
y asaltóle valeroso;
si ahora, pues, le acometes
participarás la fama

que corona al diligente.

Caravajal ¡Al arma, pues! ¿Qué esperamos?

(Llégase a Martesia y Menalipe.)

Señoras: vuesas mercedes,
altezas o majestades,
o el título que quisieren,
perdonen mi grosería;
que nunca fueron corteses
peligros; convoquen diablos
que a su provincia las lleven,
que acá al Apóstol gallego
invocamos solamente;
pues vale más su cruz roja
que diez legiones de duendes.

(Vanse Caravajal y el capitán Almendras.)

Menalipe Socorramos a mi amante.
¡Ojalá una bala acierte
mi pecho, y saque las llamas
que en cenizas le resuelven!

Martesia Vencerá si tú le ayudas;
pero como ensorbebece
la victoria, llorarásle

degollado brevemente.

(Vanse las dos. Salen don Gonzalo Pizarro y Soldados, marchando.)

Soldado 1 — Quiso morir encubierto.

Soldado 2 — Su daño le disfrazó.

Gonzalo — Quisiérale, amigos, yo
vencido, pero no muerto.
¡Infeliz caballero!

Soldado 1 — ¿Pues por él muestras tristeza?

Gonzalo — Estimo yo la nobleza.
Si fuera menos severo,
valor el virrey tenía
digno de veneración;
aguó su resolución
toda la fortuna mía.
Enlutaréme por él;
sepúltele la piedad
conforme su calidad.

Soldado 2 — Hombre que fue tan cruel
no merece sepultura.

Gonzalo — ¡Qué rigurosa razón!
No dura la emulación
lo que la vida no dura.
Hasta aquí tiró la suerte
cuanto su poder alcanza;

que no pasa la venganza
los límites de la muerte.

(Sale Caravajal.)

Caravajal

Los parabienes te doy
de la victoria presente,
y el pésame juntamente
que recelo. Tuyo soy
hasta morir; pero mira
que aunque a tu contrario has muerto,
un clérigo toma puerto
y que el peligro no espira.
Contra ti marcha, prevén
con el esfuerzo las manos,
y si juzgaste por sanos
mis fieles avisos, ten
por cierto, que son mejores
los que mi amistad y celo
te advierten, porque del cielo
granizan gobernadores.
Mas, si a seguirme te inclinas,
dicha mi fe te promete;
guárdate de este bonete
que hiere con cuatro esquinas.
Digo, pues, que es lo mejor
que trueques a toda ley,
intitulándote rey,
riesgos de gobernador.
Constituye monarquía
de eterna felicidad;
llamémoste majestad,
dejemos la señoría.

Con tu hacienda y tus hazañas
este imperio se ha ganado
su sitio es más dilatado
y rico que diez Españas;
si quieres tener seguros
vasallos fieles, que mandes,
haz títulos, cubre grandes,
que son los mejores muros
de las coronas y estados.
Obliga con intereses;
nombra condes y marqueses;
cría luego adelantados;
un almirante en el mar;
un condestable en la tierra,
mariscales en la guerra.
A los grandes puedes dar
a cien mil pesos de renta,
pues gozas un orbe de oro,
de inmensa plata y tesoro;
a diez, a veinte y a treinta
a los títulos menores,
ya en indios y ya en lugares;
haz órdenes militares,
elige comendadores
que tomen la advocación
de los santos que quisieres;
si mayorazgos hicieres
ilustrarás tu nación
con rentas establecidas
perpetuas, y no al quitar,
que éstas saben obligar
y no las de por dos vidas,
que a los nietos empobrezcan

sin premiarse tanta hazaña.
Escribe a la Nueva España
que por su rey te obedezcan,
  y harás lo mismo con ellos
que con nosotros procuras,
y de esta suerte aseguras
hechizos con que atraellos;
  pues viéndose el bien nacido,
como merece, premiado,
a sus hijos con estado
y a su rey agradecido,
  y que honrando descendencias
que llegan a eternizarse,
sus nietos han de llamarse
señorías y excelencias,
  por no perder esta acción
diez mil vidas perderán,
y firmes conservarán
tu corona y su opinión.
  Pide, después, una nieta
de los Incas que reinaron,
y a tus armas se postraron,
la más hermosa y discreta,
  por esposa; y coronada
con ostentaciones reales
los indios y naturales,
si la ven entronizada,
  en fe que la sangre adoran
de sus venerados reyes,
obedeciendo tus leyes
cuantos esos riscos moran
  y el temor tiene esparcidos,
te traerán con mano grata

los tesoros de oro y plata
que conservan escondidos.
Si haces eso ¿quién podrá
despojarte sino el cielo?
Labra un fuerte en Portobelo,
pon presidio en Panamá,
y venga todo el poder
de España a desposeernos.
¿Con qué armada ha de ofendernos
si no les dejamos ver
del sur la menor arena?
Esto es lo que te aconsejo.
Toma de un soldado viejo
lo que con tiempo te ordena
o, pues, el gobernador,
que ya se acerca, pregona
que por el rey nos perdona
si no te damos favor,
y mi aviso no te agrada
ganemos estos perdones,
porque en tales apretones
Gonzalo, o César, o nada.

(Don Gonzalo saca la espada para Caravajal.)

Gonzalo ¡Vive el cielo! ¡Desleal,
desconocido, traidor!

Caravajal Sé rey, no gobernador.

(Vase Caravajal.)

Uno Todos con Caravajal

venimos en coronarte.

Todos — Esto tu ejército pide.

(Vanse todos, dejando solo a don Gonzalo.)

Gonzalo — Primero que mi fe olvide...

Voces (Dentro.) — 0 verte rey, o dejarte.

Gonzalo — ¿Esto se puede sufrir?
¿Esto es digno de creer?

Voces (Dentro.) — ¡Muera quien no supo ser
rey del Perú!

Gonzalo — Pues morir.
Morir, ingratos, perderme,
y no admitir tal infamia;
no eclipsar la sangre mía
no echar en ella tal mancha.
¡Desamparadme, avarientos!
Sepa mi rey, sepa España
que muero por no ofenderla,
que pierdo, por no agraviarla,
una corona ofrecida,
tan fácil de conservarla,
cuanto infame en poseerla.
Diga que pude, la fama,
ser monarca y que no quise;
que todos me desamparan
por fiel, por leal, por noble.
Será feliz mi desgracia.

Diga, que violentamente
me sacaron de mi casa,
de mi quietud, de mí mismo,
los que en el riesgo me faltan,
los que me dejan ahora.
Con ellos premios reparta
quien a perseguirme viene,
deles indios, deles plata,
que no les dará, a lo menos,
estimación, ni alabanzas,
de que de mi perdición
no fueron ellos la causa.
Muera a manos de un verdugo
quien tanta fe a su rey guarda,
que va a perder la cabeza
por no querer coronarla.
Mas no publique la envidia,
que mentirá como falsa,
que alcé contra el rey banderas
que toqué a su ofensa cajas.
Gobernador me nombró
mi hermano el marqués, sellada
tengo esta merced, del César;
cuatro ciudades me llaman
para procurador suyo;
la audiencia real me despacha
confirmación del gobierno;
no está, hasta aquí, derogada
mi justicia por el rey.
Si a Blasco Núñez embarca
preso y culpado la audiencia,
y es su temeridad tanta
que contra mí se despeña,

pues por morir se disfraza,
¿atribuiráme el prudente
su muerte a culpa? Excusarla
quise ¿pero quién excusa
sucesos de las batallas?
Tomad, amigos, al temple,
¡despojadme de las armas!

(Arroja la espada y la daga.)

Infelices en creeros
si en vencer afortunadas.
Entregadme al presidente,
pues aduláis con dos caras,
pues, Judas, me habéis vendido,
pues vuestro interés me engaña,
que, cuando todos me dejen
gozosa volará el alma
a amistades más seguras,
pues mi lealtad la acompaña.

(Vase don Gonzalo. Salen Menalipe y Martesia.)

Menalipe

¡Déjame morir, Martesia,
pues a mi amante me matan!
¡No nos dividan tormentos,
mezclemos ansias, con ansias!
El severo presidente
cortar manda la cabeza
más digna de aclamaciones
que honró laureles y palmas.

¿Podré yo vivir sin él?

Martesia

Podrás, si extremos amansas,
resucitarle en tu pecho,
y prevenirle venganzas
contra todos los que intenten
de su nación inhumana
conquistar nuestras provincias,
tiranizar nuestra patria.
Creyóse de aduladores,
fuéle la Fortuna avara,
no quiso dar fe a consejos,
cumplió destinos la Parca.
¿Qué remedias con tu muerte?

Menalipe

Lo que no con tus palabras,
pues cuanto más me consuelas
más mis congojas me abrasan.
¿Cómo viviré sin vida?
¿Qué vale un cuerpo sin alma?
Ven y matemos muriendo.

Martesia

No fuera tan de eficacia
la virtud de mis estudios,
si en fe de ellos no enfrenara
los ímpetus de tus penas
que furiosos te maltratan.
Violentaréte al sosiego.

(Salen Alonso Alvarado y otros.)

Alonso

Resolución es, que a España
ha de causar compasiones

que llore siempre la fama.
No quiero verle morir,
que militaron mis armas
debajo de sus banderas.
Mal el presidente paga
servicios de tanta estima.
Si prudente lo mirara
con más acierto y clemencia
lograr pudiera alabanzas.
¿Orden del rey no traía,
que si fuese de importancia
de don Gonzalo el gobierno
por él se le confirmara?
¿Quién pacificó esta tierra?
¿Qué leyes cuerdas y santas
no estableció en tiempo breve,
que siguiéndola repara
alborotos e inquietudes?
Siendo esto así ¿por qué causa
no cumple lo que te ordenan?
¿Por qué la cabeza aparta
de los más valientes hombros
que dieron gloria a su patria?

Martesia

¡Oh, Alvarado, siempre insigne!
Tú solo, entre todos, pagas
correspondencias de noble;
firme fe a tu amigo guardas.
Agradeceráte el cielo
con las obras tus palabras.
Generaciones ilustres
serán de tu tronco ramas.
Villamor te dará condes,

entrando en tu antigua casa
las mejores de Castilla,
las más célebres de España.
No piense la emulación,
envidiosa y destemplada,
que porque Gonzalo muere
podrá en la sangre Pizarra
agotar deudos ilustres,
que en otro siglo deshagan
nubes, que torpes pretenden
con falsedad eclipsarla.
Fernando, su hermano heroico,
puesto que preso en España,
dará a sus reyes un nieto
que vuelva a resucitarla.
Al marqués de la conquista
vuestra Extremadura aguarda,
luz del crédito español,
nuevo Alejandro en las armas.
Malograrásele un hijo
que en Flandes tiña las aras
en servicio de sus reyes,
que a la eternidad levanta;
mas casándose otra vez
con generosa prosapia,
dará envidia a la lisonja
y sucesión a su casa.

Menalipe

Sí, mas no espere ninguno
que otra vez pisen sus plantas
las regiones escondidas
que el fértil Marañón baña;
concediósele esta suerte

al que objeto de desgracias,
cede al destino inocente
y la crueldad desbarata.
No merece poseerla
nación con él tan ingrata,
que le aconseja peligros
y, en medio de ellos, le falta.

Martesia Encubriráos nuestra tierra
el cielo, aunque a conquistarla
se atrevan, después, codicias,
que malogren su esperanza.
Morirá un Pedro de Ursúa,
antes que surque sus aguas,
un traidor Lope de Aguirre,
un Guzmán y un Orellana.

Menalipe Y cuando el hado mintiera
alguno vivo llegara
a nuestra amena provincia,
en no admitir hombres sabia,
yo estoy aquí, yo, que sobro
contra ingratos.

Martesia Ven, hermana,
y deja, prudente, al tiempo
tus consuelos y venganzas.

(Ábrese el monte y encúbrense las dos.)

Alonso ¿Qué voces, cielos, son éstas
que asombrosas nos espantan,
y sin ver los que las forman
con presagios amenazan?

Mas los elementos mismos,
en la muerte desdichada
del español más valiente,
solemnizan sus desgracias.
Este fue el fin lastimoso
de don Gonzalo; la fama
de lo contrario ha mentido.
La malicia ¿que no engaña?
Lea historias el discreto
que ellas su inocencia amparan,
y supla en esta tragedia,
quien lo fuere, nuestras faltas.

Fin

Libros a la carta

A la carta es un servicio especializado para
empresas,
librerías,
bibliotecas,
editoriales
y centros de enseñanza;
y permite confeccionar libros que, por su formato y concepción, sirven a los propósitos más específicos de estas instituciones.

Las empresas nos encargan ediciones personalizadas para marketing editorial o para regalos institucionales. Y los interesados solicitan, a título personal, ediciones antiguas, o no disponibles en el mercado; y las acompañan con notas y comentarios críticos.

Las ediciones tienen como apoyo un libro de estilo con todo tipo de referencias sobre los criterios de tratamiento tipográfico aplicados a nuestros libros que puede ser consultado en Linkgua-ediciones.com.

Linkgua edita por encargo diferentes versiones de una misma obra con distintos tratamientos ortotipográficos (actualizaciones de carácter divulgativo de un clásico, o versiones estrictamente fieles a la edición original de referencia).

Este servicio de ediciones a la carta le permitirá, si usted se dedica a la enseñanza, tener una forma de hacer pública su interpretación de un texto y, sobre una versión digitalizada «base», usted podrá introducir interpretaciones del texto fuente. Es un tópico que los profesores denuncien en clase los desmanes de una edición, o vayan comentando errores de interpretación de un texto y esta es una solución útil a esa necesidad del mundo académico.

Asimismo publicamos de manera sistemática, en un mismo catálogo, tesis doctorales y actas de congresos académicos, que son distribuidas a través de nuestra Web.

El servicio de «libros a la carta» funciona de dos formas.

1. Tenemos un fondo de libros digitalizados que usted puede personalizar en tiradas de al menos cinco ejemplares. Estas personalizaciones pueden ser de todo tipo: añadir notas de clase para uso de un grupo de estudiantes, introducir logos corporativos para uso con fines de marketing empresarial, etc. etc.

2. Buscamos libros descatalogados de otras editoriales y los reeditamos en tiradas cortas a petición de un cliente.

www.ingramcontent.com/pod-product-compliance
Ingram Content Group UK Ltd.
Pitfield, Milton Keynes, MK11 3LW, UK
UKHW040317300826
14791UKWH00003B/937

9 788490 070499